뭐라도 되겠지

■ 이 도서의 국립중앙도서관 출판시도서목록(CIP)은
e-CIP 홈페이지(http://www.nl.go.kr/ecip)에서 이용하실 수 있습니다.
(CIP제어번호: CIP 2011004058)

뭐라도 되겠지

호기심과
편애로 만드는
특별한 세상

김중혁 산문

마음산책

뭐라도 되겠지

1판 1쇄 발행 2011년 10월 5일
1판 15쇄 발행 2022년 10월 20일

지은이 | 김중혁
펴낸이 | 정은숙
펴낸곳 | 마음산책

등록 | 2000년 7월 28일(제2000-000237호)
주소 | (우 04043) 서울시 마포구 잔다리로3안길 20
전화 | 대표 362-1452 편집 362-1451   팩스 | 362-1455
홈페이지 | www.maumsan.com
블로그 | blog.naver.com/maumsanchaek
트위터 | twitter.com/maumsanchaek
페이스북 | facebook.com/maumsan
인스타그램 | instagram.com/maumsanchaek
전자우편 | maum@maumsan.com

ISBN 978-89-6090-115-5 03810

* 책값은 뒤표지에 있습니다.

'재능'이란,
누군가의 짐짝이 될지도 모른다는 두려움과
나에 대한 배려 없이 무작정 흐르는 시간을
견디는 법을 배운 다음에 생겨나는 것 같다.
그래, 버티다 보면 재능도 생기고
뭐라도 되겠지.

▫ 책을 내면서 ▫

막연하게 꿈꾸던 책이 있었다. 11년 전 소설을 쓰기 시작했을 때, 10년 전 카툰과 일러스트로 돈을 벌기 시작했을 때, 여러 곳에 산문을 발표하고 그 글이 하나둘 모이기 시작했을 때, 꿈꾸던 책이 있었다.

농담으로 가득하지만 때로는 진지한 책. 술렁술렁 페이지가 넘어가지만 어떤 장면에서는 잠시 멈추게 되는 책. 글과 글 사이에 재미난 카툰이 들어 있어서 키득키득 웃을 수 있는 책. 다 읽고 나면 인생이 즐거워지는 책. 긍정이 온몸에 녹아들어서 아무리 괴로운 일이 닥쳐도 어쩔 수 없이, '몰라, 어떻게든 되겠지, 뭐라도 되겠지', 끄덕끄덕, 삶을 낙관하게 되는 책.

이 책이 그 책이었으면 좋겠다. 아니어도 상관없다. 이 책도, 나처럼, 뭐라도 되겠지.

2011년 9월
김중혁

김중혁 씨는
누구세요?

디자인은 했지만
디자이너는 아니었다

주요 포털사이트 검색창에 내 이름을 치면 자세한 정보가 나온다. 사진도 나온다. 약력도 길게 적혀 있다. 보고 있으면 마음이 뿌듯해진다. 지금 내 자랑을 하려는 게 아니다. 친구들 자랑을 하려는 거다. 인터넷에 적힌 내 약력에는 결정적인 오류가 있다. 수상 내역에 미당문학상과 동인문학상이라고 적혀 있는데, 아는 사람은 알겠지만 시인에게 주는 미당문학상과 소설가에게 주는 동인문학상을 동시에 받는다는 것은 거의 불가능한 일이다.(시와 소설을 동시에 쓰는 작가들이 있지만 그들도 어느 한쪽 활동에 집중할 수밖에 없으니까.) 그 불가능한 일이 가능했던 것은 친구들 때문이다. 첫 책 『펭귄뉴스』를 펴냈을 때 기자 한 분이 이렇게 적었다.

소설가 김중혁 씨는 미당문학상과 동인문학상을 받으며 문단의 주목을 받고 있는 시인 문태준과 소설가 김연수의 친구이기도 하다.

어느 누군가 이 문장의 앞부분만을 읽고 너무 흥분한 나머지 (세상에! 미당문학상과 동인문학상을 동시에 받았다잖아!) 자세한 확인 절차도 거치지 않고 내 약력을 세상에 내보낸 것이다. 하루빨리 프로필 수정 요청을 해야 하는데 귀찮기도 하거니와 함께 존재할 수 없는 두 개의 상이 나란히 있는 것도 보기 좋아서 아직까지 오류를 방치하고 있다.●

약력에 오류가 하나 더 있다. 경력에 인터넷 서점 웹디자이너라고 적혀 있는데 이건 반은 맞고 반은 틀렸다. 디자이너는 아니었지만 디자인을 한 적은 있다. 이게 무슨, 술은 먹었지만 음주운전은 하지 않았어요, 에 버금가는 망발이냐 하겠지만 실제로 그랬다.

당시 나는 인터넷 서점의 MD로 일하면서 어느 웹진에 카툰을 연재하고 있었다. 쉬엄쉬엄 취미로 그림을 그리다가 웹진 담당자의 꾐(과 돈의 유혹)에 빠져 매주 마감 스트레스(와 더불어 못 웃기면 죽는다!는 강박관념)에 시달리는 고역을 선택한 건데, 지금 생각하면 도대체 왜 그랬는지 모르겠다. 카툰 아이디어가 제대로 떠오르지 않아 회사에서까지 머리를 쥐어짜야 했고, 태블릿을 숨겨가며 그림을 그려야 했다. 글을 써야 할 사람이 태블릿에다 그림을 그리

●
책을 출간하기 전에 한 번 더 확인했다. 그대로였다. 그 사이에 발 빠른 누군가 수정 요청을 했으면 어쩔 뻔했어. 다행이다.

고 있으니 티가 안 나려야 안 날 수 없었다. 어느 순간부터는 아예 대놓고 그림을 그렸다. 뭐 어떤가, 집에서도 회사 일을 하니 회사에서 개인적인 일을 해도 되지 않겠나 하는 뻔뻔한 마음으로 열심히 그림을 그렸다.

(지금도 친하게 지내고 있는) 마음씨 좋은 여사장님께서는 "야, 그림 실력이 날로 좋아진다"라거나 "너의 그림 실력에 비해 태블릿이 너무 고가인 거 아니냐?"라는 등의 직설적인 화법으로 나를 응원하더니 마침내 거래를 제안하셨다. 회사에서 그림을 그리게 해주었으니 고객에게 발송하는 메일에 들어갈 이벤트 배너 하나를 재미있게 디자인하라는 것이었다. 거절하지 못할 제안이었다. 그래, 눈 딱 감고 배너 하나만 만들면 나도 이제 떳떳하게 회사에서 그림을 그릴 수 있는 거야. 그림도 그리는데 코딱지만 한 배너 디자인, 못할 게 뭐냐 싶었다. 지금 생각하면 도대체 왜 그랬는지 모르겠다. 코딱지만 해 보이던 배너는 넓고 넓었다. 물이 새는 항아리처럼, 아무리 무언가 그려 넣어도 빈자리가 보였다. 거길 채우면 다른 곳이 비어 보였고, 다른 곳을 채우면 또 여기가 비어 보였다. 디자인이란 걸 배워본 적이 없으니 무조건 채워 넣어야 한다는 강박이 생긴 것이다. 사장님은 완성된 배너를 보시더니, "하하하, 바글바글하게 뭐가 많으니까 웃기기는 하다, 야" 하셨다. 웹카툰으로는 웃기지 못하고 배너로 웃긴다는 게 참 슬픈 일이다. 배너 두서너 개를 만들고 나의 디자인 경력은 마침표를 찍었다. 디자인은 했지만 디자이너는

아니었다.

  오래전부터 사람들의 프로필을 자세히 들여다보는 걸 좋아했다. 거기엔 도약이 있고, 지속이 있고, 이야기가 있다. 도저히 연결될 것 같지 않은 두 개의 사실이 하나로 이어져 있기도 하고, 의외의 반전이 계속되기도 한다. 어찌 보면 사람들은 모두 자신의 경력을 디자인하는 것이고 프로필에 적힐 이야기를 만드는 것이다. 디자이너는 아니지만 모두 자신의 페이지를 디자인하고 있다. 이 글을 쓰게 된 참에 이번에는 꼭 프로필 수정 요청을 해야겠다. 인터넷 서점 웹디자이너 경력은 뺄까 말까 고민 중이다. 배너 두 개 만들었다고 디자이너 행세하기는 웃기지만 어쩐지 어감이 너무 멋지지 않나. 디자이너 김중혁.●

●
이렇게 말만 해놓고 아직도 수정 요청을 하지 않았다. 흠, 꼭 해야 할까?

쪽팔리다

고향집에는 아직도 내 방이 있다. 손님 접대용 방에 내 짐이 놓여 있는 것이긴 하지만 어쨌거나 들어서면 내 방 같다. 명절이 되어 고향에 내려가면 버릇처럼 예전의 물건들을 들춰본다. 한쪽 구석의 책장에는 내가 읽던 책들이 꽂혀 있는데 그 책들을 다시 읽으면 세월이 참 많이 흘렀다는 생각이 든다. 책 내용이 하나도 기억나지 않는다. 처음 읽는 책처럼 새롭기도 하고, 이렇게 유치한 부분에다 줄을 긋다니 싶은 생각에 스스로 실망하기도 하고, 다시 보니 이 책 꽤 재미있겠군 싶어 서울로 가지고 돌아오기도 한다.

책장의 책 사이에는 내 일기장도 몇 권 꽂혀 있다. 일기의 내용은 정말 가관이다. 스무 살 무렵의 일기장에는 이렇게 쓰여 있다.

오늘은 친구 아무개와 당구를 쳤다. 내가 이겼다. 저녁에는 친구 아무개와 함께 〈영웅본색〉을 보았다. 영화를 다 보고 포장마차에서 술을 마셨다. 새벽 1시쯤 취해서 집으로 돌아왔다.

이 일기는 젊은 시절의 고뇌와 허무를 표현하기 위해 모든 글에서 감정을 없애고 오로지 정보만을 전달하고 있으며, 그로 인해 한 젊은이가 겪게 된 마음의 고통을 '드라이하게' 드러내고 있다, 라고 누군가 과대포장해준다면 모를까 대충 봐서는 아무 생각 없이 멍하게 놀고 있는 젊은이의 삶일 뿐이었다. 도대체 이렇게 한심한 일들의 연속을 왜 종이에다 기록해두었을까. 술에 취해 멍청한 일기를 쓰고 있는 이십 대의 나를 멀리서 바라보면 참으로 한심해 보인다. 처음에는 일기장을 모조리 불태우려고 했다. 먼 훗날 노벨문학상 수상자가 됐을 때(내 예상으론 2028년쯤이 아닐까 싶은데) 한림원에서 내 일기장을 발견한 후 나의 문학적 성과를 의심하면 어떡하나, 그로 인해 수상이 취소되면 어떡하나, 걱정이 앞섰기 때문이다. 하지만 태울 수가 없었다. 놔두자니 쪽팔리고, 태우자니 아까웠다. 그 일기장을 보고 있으면 내가 어떻게 스무 살을 보냈는지가 눈앞에 선연하게 그려진다. 거짓말처럼 젊은 시절의 고뇌와 허무와 마음의 고통이 느껴지기도 한다.

나는 2000년 「펭귄뉴스」라는 중편소설로 데뷔했고, 2006년에 『펭귄뉴스』라는 첫 소설집을 냈다. 첫 소설집을 내기 위해 데뷔작 「펭귄뉴스」를 다시 읽었을 때 얼굴이 화끈거렸다. 소설이 너무너무 좋아서 그랬다면 좋았겠지만 유치하기 그지없었다. 스무 살 무렵의 일기장을 읽는 기분이었다. 이런 소설로 데뷔하다니, 참으로 운이 없는 소설가라는 생각도 들었다. 「펭귄뉴스」를 소설집에 포함시킬지, 아니면 빼버릴지 오랫동안 고민했다. 고민 끝에 버리지 않았다. 책이 나온 후 다시 읽어보았다. 역시, 조금은 쪽팔렸다. 부끄럽다기보다, 창피하다기보다, 쪽팔렸다. 그 소설은 누구의 것도 아닌, 오직 나만의 생각과 아이디어로 가득 차 있었으니 어디 내놓아도 전혀 부끄러울 게 없었고, 누군가의 시간을 갈취하지 않고 나만의 시간으로 만들어낸 작품이었으니 창피할 게 없었지만, 쪽팔리긴 했다.

시간은 늘 우리를 쪽팔리게 한다. 우리는 자라지만, 기록은 남기 때문이다. 우리는 앞으로 나아가지만, 기록은 정지하기 때문이다. 자라지 않고 앞으로 나아가지 않는다면 쪽팔림도 없을 것이다. 반대로, 쪽팔림이 없다면 우리는 앞으로 나아가지 못할 것이다. 하지만 "마지막 경고, 이 글은 글쓴이의 쪽팔림을 막기 위해 다 읽고 난 후 5초 뒤 종이 위에서 사라지게 될 것입니다. 5, 4, 3, 2, 1"이라는 경고가 실현 가능한 세상이 왔으면 좋겠다는 생각이 드는 것도 어쩔 수 없는 일이다.

웅크린 사람은, 뛰려는 사람이다.
웅크린 사람 앞에 장사 없다.

인생이 예순부터라면
청춘은 마흔부터

이름을 입력하면 그 사람의 인생 그래프를 그려주는 아이폰 어플리케이션이 있다. 김중혁이라고 써넣으면 0살부터 100살까지 내 인생의 굴곡이 순식간에 나타난다. "아니, 그렇게 훌륭한 프로그램이!" 있을 리 없으므로 당연히 순 엉터리다.

이 프로그램에 의하면 나는 스물다섯 살까지 그저 그런 삶을 살다가, 갑자기 성공하여 마흔 살쯤 최고의 자리에 올라선 다음, 예순다섯까지 떵떵거리며 살다가 하향 곡선을 그리더니, 아흔 살쯤 비참한 최후를 맞는 인생이다. 내 나이 올해 마흔하나다. 지금쯤 최고의 자리에 올라서 있어야 한다. 에, 그러니까, 여기가 최고의 자리란 말이지? 흠······. 인간의 삶이란 보는 각도에 따라 다르게 보이게 마련이어서, 생각해보면, 이 프로그램의 그래프가 맞는 것 같다는 생각이 들기도 한다. 스물다섯 살 때까지 그저 그런 삶을 산 것도 맞고(도대체 한 일이 뭐냐!), 갑자기 성공한 것도 맞고(서른에 소설가가 됐다, 지만 소설가가 된 것이 과연 성공한 인생인지에 대한 논란의 여지가 있겠다), 마흔한 살까지 네 권의 책을 내고 문학상 같은 것도 받았으니 (내가 오를 수 있는) 최고의 자리에 오른 것 같기도 하다. 앞으로 예순다섯 살까지 이런 최고의 자리를 유지한다니, 거참, 긍정적인 인생이라는 생각이 든다. 재미있는 것은 입력창에다 '김중혁'을 써넣을 때와 '金重赫'을 써넣을 때와 'Junghyuk, Kim'을 써넣을 때의 인생 그래프가 모두 다르다는 점인데, 한글을 써넣었을 때의 인생 그래프가 그나마 가장 나은 걸로 봐서 역시 한국인으로 태어나길 잘했다는 생각이 든다.

스물다섯 살까지는 정말 그저 그런 인생이었다. 공부를 잘한 것도 아니었고, 운동을 잘한 것도 아니었고, 잘생긴 것도 아니었고, 열심히 논 것도 아니었고, 큰 사고를 친 것도 없다. '평범'이라는 단어를 이마에다 문신으로 새기고 다녀도 사람들 눈에 띄지 않을 정도로 평범한 남자였다. 게다가 지방 대학 출신인 데다, 쓸모없기로 유명한 국어국문학과 출신이며, 특별하게 글을 잘 써서 두각을 나타내지도 못했다.(도대체 나는 누구냐!) 딱 하나 잘한 게 있었다. 앞날에 대해 걱정하지 않았다. 도대체 뭘 믿고 그랬는지 알 수 없지만 앞으로 뭐가 되어야겠다고 생각해본 적이 없고, 어떤 직업을 선택해야겠다고 생각해본 적이 없다. 왜 그랬을까. 지금 생각해보면, 미래가 너무나 불투명해서 아무것도 보이지 않았으므로, 에잇, 그럴 거면 차라리 보지 말자, 라는 생각으로 현재에 충실했던 것 같다. 나는 그저 그런 학생으로 지내면서 내가 좋아하는 일을 찾는 데 온

　힘을 기울였고, 그저 그런 청년으로 살면서 내가 좋아하는 일을 잘하려고 노력했다. 직업을 찾기보다는 내가 정말 좋아하는 일이 어떤 일인지 찾아내려고 노력했다.
　얼마 전 모교의 국어국문학과에서 특강을 해달라는 부탁을 받았다. 1학년을 끝마치고 미래 불투명의 대명사 국어국문학과를 선택한 '무모한 젊은이들'에게 한마디 해달라는 거였는데, 처음에는 거절할까 싶었지만 문득 해주고 싶은 말이 생각나 승낙하고 말았다. 갔더니, 떨렸다. 처음 해보는 특강이 아니었는데, 무지하게 떨렸다. 내 앞에 스무 살, 스물한 살 대학생들이 앉아 있었고, 그들은 젊어서, 어려서, 아름다웠다. 충고는 무슨, 그냥 놀아요, 라는 한마디만 하고 후다닥 일어나 돌아오고 싶었으나 그래서는 안 될 자리였으므로 나는 땀을 삐질삐질 흘려가며 뭔 말도 안 되는 소리들을 두서없이 늘어놓았다. 에, 그러니까, 제가 학교에 다닐 때만 해도, 삐질, 선생님들은 모두들 안녕하신 거죠? 삐질삐질.

나는 그들에게 이 이야기만은 해주고 싶었다.

"여러분은 대단하지 않은 지방 대학의, 비전 없기로 유명한 국어국문학과 출신입니다. 그 이름표가, 그 스펙이 앞으로 10년 동안 여러분을 따라다닐 겁니다. 그 10년 동안 주눅 들지 않고 자신의 일을 찾아낸다면, 새로운 10년이 기다리고 있을 겁니다."

기립박수가 터져 나올 것으로 예상했지만, 대부분 졸고 있었고, 밖에 나가서 놀 생각을 하고 있었다. 그래, 얼마나 지루하겠어. 그래도 그중 한두 명은 10년 후 어느 날 길을 걷다 문득 내가 했던 말을 떠올려줄지도 모를 일이다. 그래, 10년 전 김중혁이 땀을 삐질삐질 흘리며 했던 말이 이런 의미였던가, 라며 나를 찾아올지도 모를 일이다. 내가 너무 순진한 것일까. 나는 정말 그렇다고 생각한다. 대한민국이 학벌의 나라이고 스펙의 나라라지만, 어느덧 마흔이 넘은 친구들의 근황을 보고 있으면, 어느 학교 출신이라는 거, 어디에서 뭘 전공했다는 거, 그런 건 별로 중요하지 않고 아무도 기억하지 않는다.

인생이 예순부터라면, 청춘은 마흔부터다. 마흔 살까지는 인생 간 좀 보는 거고, 좀 놀면서 여기저기 들쑤시고 다니면서 어떻게 해야 잘 살 수 있을지 오리엔테이션에나 참가하는 거다. 그러니까 마흔 이전에는 절대 절망하면 안 되고, 내 인생이 어쩌다 이렇게 됐을까 체념해서도 안 되는 거다. 마흔이 되어보니 이제 뭘 좀 알겠고(알긴 뭘 알아, 라고 호통치실 어른들 많겠지만) 이제 뭘 좀 해볼 만하다 싶다. 내가 좋아하는 일을 잘할 수 있는 나이가 된 것 같다. 이제부터는 계급장 떼고, 스펙 떼고, 출신 학교 떼고, 제대로 한번 붙어볼 생각이다.

100년 살면
100살

 나의 외할아버지는 올해로 100살이 된다.* 대단한 나이다. 100년을 산다는 것은, 100년이라는 시간을 보낸다는 것은, 나로서는 짐작조차 할 수 없는 일이다.(그러니까 100년이면, 1세기인 거잖아?) 한 해를 돌아보면 조용히 지낸 것 같으면서도 일도 많고 탈도 많았는데, 그런 365일을 (맙소사!) 100번이나 겪은 것이고, 봄과 여름과 가을과 겨울을 100번이나 지낸 것이다. 아마도 그사이 많은 사람을 떠나보내며 슬펐을 것이고 수많은 일이 일어나는 것을 지켜보았을 것이다. 그 시간을 나는 짐작할 수 없다.
 100년이라고 해도 사람들은 가슴에 와닿지 않는 모양이다. 외할아버지의 나이를 얘기해도, 그저 "장수하셨네"라는 인사말뿐이다. 따져보면 놀랍다. 유관순 '언니'의 3·1운동 때는 아홉 살이었고, 해

---

* 이 글을 쓴 것은 2010년이다. 외할아버지는 아직도 건강하게 마을을 휘젓고 다니신다고, 들었다.

방이 될 때는 서른다섯 살이었으며(서른다섯이 될 때까지 식민지 백성이라는 건 어떤 기분일까) 한국전쟁이 일어났을 때는 지금의 내 나이보다 어린 마흔이었고(나라를 위해 싸우고 싶어도 나이가 많아서……), 5·18 광주민주화운동 때는 이미 일흔이었다. 안동의 작은 마을에서 평생을 살아온 외할아버지에게 역사의 소용돌이가 큰 의미는 없겠지만 동시대에 그런 일들을 겪었다는 게 나로서는 놀랍

다. 역사책에서 본 일들이 외할아버지에게는 경험인 셈이다.
외가에 갈 때마다 외할아버지 얼굴의 주름을 유심히 본다. 아니, 유심히 본다기보다 볼 수밖에 없다. 얼굴에는 주름뿐이다. 주름밖에 보이지 않는다. 주름 사이로 눈과 코와 입술이 겨우 보인다. 주름이 어찌나 깊은지 조각칼로 파놓은 것 같다. 100년 동안의 일들이 그 주름에 새겨져 있다. 100년 동안 웃으면서 생긴 얼굴의 근육과 100년 동안 찡그리고 울면서 생긴 얼굴의 근육이 맞부딪쳐 산맥을 이루고 굳으면서 주름이 되었다. 외할아버지가 예순이 되었을 때에야 나는 겨우 이 세상에 태어났다. 나는 아직 핏덩어리다. 내가 최대한 웃어서 얼굴에 깊은 주름이 생겨봤자 번데기 앞에서 주름 잡는 거다. 그래도 외할아버지 앞에 가면 자꾸 웃게 된다. 할아버지, 저 중혁입니다. 누로?(누구냐?) 중허기? 놀랍게도 외할아버지는 내 이름을 기억하신다. 칠화이 아들, 중허기? 나는 자꾸 웃게 된다. 외할아버지의 이는 몇 개 남아 있지 않아 자꾸만 발음이 샌다. 그래도 계속 내 이름을 불러주신다. 이름을 기억하고 불러보는 건, 100살의 외할아버지가 확인하고 싶은 이 세상의 마지막 증거일 것이다. 나는 외할아버지의 발음을 고쳐줄 생각은 하지 못하고(중허기가 아니고 중, 혁, 이요— 사실 나도 내 이름 발음하기 힘들어 고쳐드릴 형편이 아니다) 그저 웃으면서 외할아버지의 얼굴이 그려내는 현란한 주름의 굴곡을 넋 놓은 채 바라볼 뿐이다. 인사를 드리고 나오면 외할아버지는 작은 방에 그대로 계신다. 거기서 외할아버지는 어떤 생각을 할까. 100년의 기억 중 어떤 것을 꺼내고 계실까.

나는 시간을 잘 모르겠다. 시간의 속도를 가늠하기 힘들다. 느린가 하면 너무 빠르고, 너무 빠른가 싶으면 한없이 늑장을 부리는 게 시간이다. 내가 외할아버지처럼 100살이 되어서 시간을 천천히 되짚어보게 된다면 100년이라는 시간이 어느 정도의 속도로 느껴질까. 영화 한 편을 볼 때의 속도일까. 너무 빨라서 아무것도 알아차릴 수 없는 속도일까. 외할아버지가 느낀 시간의 속도와 내가 느낄 시간의 속도는 또 다를 것이다.

모든 것이 순식간에 바뀌고, 어제와 오늘의 변화가 10년 동안의 변화와 비슷하게 느껴지는 요즘이다. 하지만 모든 것이 너무 빠르게 바뀐다고 나까지 급해질 필요는 없다. 급한 건 세상만으로 충분하다. 새해에 세운 나의 계획을 점검해본다. 너무 도전적인 것은 아닐까. 너무 빨리 걸으려고 하는 것은 아닐까. 목표가 너무 거창한 것은 아닐까. 하루는 24시간이고, 한 달은 30일이고, 1년은 12달이다. 시간은 충분하다. 우리의 목표가 세계 최고의 부자가 되는 것이 아니라면, 그저 성실하게 천천히 걷는 것만으로 충분하지 않을까. 조금만 더 행복해지면 된다. 주름을 만들듯 천천히 내 속도로 걸어가기만 하면 된다.

다 일어나 버스카드

할아버지가 카드를 찍자마자 버스 내의 컴퓨터가 버스카드의 정보로 승객들의 상태를 점검한 후,

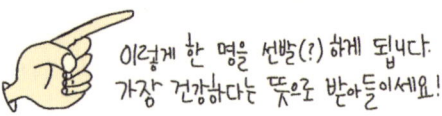
이렇게 한 명을 선발(?)하게 됩니다. 가장 건강하다는 뜻으로 받아들이세요!

젊은이들은 눈치 볼 필요 없고
늙은이들은 자동으로 쉽게 해주는
정말 편리한 버스입니다.

억울하면 늙든가!

← 노인들의 필수품
'다일어나 버스카드'

구구절절 사연 티셔츠

이름하여 '블루투스 내맘대로문구티셔츠'

인생은 예술을 위해
존재하는 게 아니다

낭비해도 괜찮아

소설 쓰기를 권하고 싶지 않다. 소설이라니. 청년들에게 소설을 쓰라고 권하다니, 나라의 기둥이자 소중한 일꾼들에게 삽질을 시키지는 못할망정 소설을 쓰라고 하다니, 차마 내 입으로는 그렇게 말 못한다. 내 목에 칼이 들어와(봐야 아는 일이지만서)도, 내 눈앞에 수천 억을 펼쳐놓는대도(흠, 이건 좀 구미가 당기지만, 원칙적으로는) 말할 수 없다. 청년들이여, 사랑을 하라. 이건 가능하다. 백만 번 천만 번 말하고, 쫓아다니면서 말해줄 수 있다. 그런데 소설을 쓰라고는, 아, 이 소설이라는 것을, 거참, 뭐랄까, 뭐라고 말해주기가, 참으로, 힘들다. 소설의 세계로 잘못 들여보냈다가는 비행청년이 되어 훗날 복수의 칼날을 들이밀지도 모른다. "어이, 형씨, 10년 전에 나한테 소설 쓰기를 추천하셨지? 내 인생 어떻게 할 거야?"라는 질문을 (깜깜한 골목에서) 받게 된다면 뭐라고 변명할 수 있을까.

"그래, 이해한다. 네 인생을 허비했다고 생각하겠지. 하지만 말이다, 너는 인생에서 중요한 교훈을 얻은 거야."

"교훈? 무슨 교훈?"

"인생은 하나뿐이라서 소설 같은 걸 쓰면서 함부로 낭비하면 안 된다는 교훈."

"닥쳐."

"네."

소설을 쓰기 위해서는 낭비해도 괜찮다는 신념이 필요하다. 인생을 낭비해도 괜찮다면, 시간을 낭비해도 괜찮다면, 종이를 낭비해도 괜찮다면, 코앞에 목적지가 보여도 돌아갈 마음이 있다면, 소설을 써도 상관없을 것이다. 낭비를 낭비로 느낀다면 곤란하다. 10년 후, 누군가에게 복수의 칼을 내밀지 모른다. 피 같은 시간에, 금쪽같은 나이에, 허무맹랑한 이야기나 생각하면서 세상에 있지도 않은 인간을 상상하고 있다니, 낭비도 이런 낭비가 없다.

나로 말할 것 같으면 어렸을 때부터 낭비를 생활화해왔다. 시간을 절약한다거나(아니, 그 많은 시간을 왜?) 잠을 줄인다거나(아니,

푹 자도 시간이 남던데) 하는 일은 거의 해본 적이 없다. 아마 그래서 남들보다 더 쉽게 소설 쓰는 일에 매달릴 수 있는지도 모르겠다.

처음으로 소설을 쓴 것은 군대에 있을 때였다. 상병 때가 아니었나 싶다. 나의 보직은 의무병이어서 일반 병사와 다른 막사를 쓰고 있었는데(즉, 아무도 나를 감시하는 사람이 없었는데) 시간은 너무 많이 남아서 쓰레기통에 버리고 버리고 또 버려도 어디선가 새로운 시간이 날아와 바닥에 쌓이곤 하던 시절이었다. 저녁이 되면 우리는 병동에 앉아서 바둑과 장기를 두거나 농담을 하면서 어디선가 날아오는 새로운 시간들을 하염없이 죽이고 있었다. 죽어라, 죽어라, 죽어라, 시간은 더디게 흘렀고, 밤은 겁나게 길었다. 나는 소설을 썼다. 낭비하는 심정으로 소설을 썼다. 낭비해봤자 본전이었다. 낭비하는데도 시간은 낭비되지 않았다.

어떤 소설이었는지는 정확히 기억나지 않지만(아마도 당시 열심히 읽던 무라카미 하루키 풍이 아니었나 싶은데) 여러 병사들이 신나게 돌려 읽었던 걸로 봐서 속도감 넘치는 소설이 아니었나 싶고, 한 번 빌려가는 데 담배 한 갑을 지불했던 걸로 봐서 군데군데 야한 장면도 있지 않았나 싶은 작품이었다. 표지도 직접 그렸고, 맨 뒤에다 작가의 말도 썼다.(아무리 생각해도 제목은 기억나지 않는다.)

부대의 베스트셀러 작가였던 나는, (『호밀밭의 파수꾼』을 쓴 샐린저처럼) 한 작품만을 남기고 돌연 작품 활동을 중단하게 된다.

"어이, 김 병장, 소설은 무슨…… 제대해야지."

제대하고 본격적으로 소설을 썼다. 제대하고 나서도 시간이 많았다. 복학했는데도 시간이 많았다. 시간이 많았으므로 별의별 소설을 다 썼다. 한 문장이 세 페이지를 넘는 소설, 남녀 주인공이 절대 만나지 못하는 소설, 대사만으로 이뤄진 소설, 대사가 하나도 없는 소설. 이런 말도 안 되는 소설을 줄기차게 썼다.(아, 역시 역사 속 모든 실험정신의 핵심은 남아도는 시간인가.)

가끔 그런 질문을 받는다. 소설을 쓰면서 당신은 어떻게 바뀌었냐고. (속으로) 깜짝 놀란다. 바뀐 걸 어떻게 알았지? 맞다. 바뀌었다. 나는 소설 덕분에 바뀌었다. 달라졌고 (내가 보기에) 조금은 나은 사람이 됐다. 다른 사람의 삶에 대해 조금 더 관심을 가지게 됐고, 다른 사람의 이야기를 조금 더 열심히 듣게 됐다.

(단편이든 장편이든) 한 편의 소설을 끝내기 위해서는 수많은 선택을 해야 한다. 주인공을 죽일지 살릴지, 왼쪽 길로 보낼지 오른쪽 길로 보낼지, 사랑에 빠지게 할지 배신하게 할지, 선택해야 한다. '그리고'라고 쓸지 '그러나'라고 쓸지 '그런데'라고 쓸지 선택해야 한다. 무수히 많은 선택 사항을 썼다가 지운다. 나는 그 무수한 선택들을 거쳐왔다. 나는 그게 내 삶과 무관하지 않다고 생각한다. 소설 속의 선택과 현실 속의 선택은 분명 다르지만 선택하기 위해 결정하는 방식은 언제나 똑같다. 하나를 취하면 하나를 버려야 한다. 버린 것은 돌아보지 말아야 하고 취한 것은 아껴 써야 한다.

조금 고쳐서 말해야겠다. 시간을 소중히 여기는 사람에게는 소설 쓰기를 권하고 싶지 않다. 소설은 투입하는 시간만큼 결과물이 나오는 작업이 아니다. 모든 게 더디고, 아주 조금씩 전진하고, 가끔은 (이런, 제기랄!) 뒤로 가기도 한다. 문장들을 이어 붙여 문단을 만들고, 문단을 쌓아서 흐름을 만들고, 흐름을 엮어서 이야기를 만드는 작업은 지루하기 짝이 없다. 도와주는 사람도 없다. 혼자 모든 걸 조사하고, 혼자 책임지고, 혼자 기뻐해야 한다. 하지만 낭비해도 좋은 사람에게는, 다른 걸 버리고 시간을 얻은 사람에게는 이보다 더 신나는 작업이 없을 것이다. 한 문장 다음에 올 수 있는 문장은 무한대다. 무한대의 가능성 중에서 오직 나만이 선택할 수 있다. 오직 한 사람만이 모든 걸 조절할 수 있다. 그 쾌감은 소설의 첫 문장을 쓰기 시작해서 마지막 마침표를 찍어본 사람만이 알 수 있다. 한번 빠지면 그 중독에서 헤어 나오기가 쉽지 않다. 내가 알기론 불가능하다.

    여기까지다. 소설을 게으르게 쓰는 사람치고는 말이 너무 많았다. 내가 할 수 있는 얘기는 다 했다. 나는 공식적으로는 (절대!) 소설 쓰기를 권하지 않았다. 10년 후 밤길에서 만나는 일 없기를 바란다.

학사경고와 바꾼
싱싱한 뇌

 2009년은 뜻깊은 해였다. 학고 김중혁 선생(39세, 소설가)의 대학 입학 20주년이 되는 해였기 때문이다. 사람들이 선생의 호를 오해하는 경우가 많은데 학고란 학식(學)이 높다(高) 하여 붙은 것이 아니라 '학사경고'의 줄임말로, 대학을 다니는 내내 학사경고에 시달렸던 그의 행적을 기리기 위해 붙은 것이다. 선생의 영어 이름은 F4로, 이 역시 꽃처럼 아름다운 네 명의 학생 중 한 명이라는 의미가 아니라, F학점을 한 해 네 번까지 기록했던 그의 놀라운 성적을 기록해둔 것이다.
 선생의 대학 시절 하이라이트는 2학년 1학기였다. 여섯 개의 수업 중 세 개는 F학점, 나머지 세 개는 D학점을 맞으며 평점 0.8로 학점사에 큰 획을 그으셨는데, 당시 학교에서는 '학점인가 시력인가' 논란이 일었으며(오히려 선생의 시력은 양쪽 모두 1.5였다고) 선생의 부모는 그를 속히 군대로 보내기 위해 안간힘을 썼다. 그러나 선생은 꿋꿋하시어 F학점을 한 번 더 기록하고 결국 F4를 완성하시고서야 홀연히 군으로 가시었다. 이후 선생은 여러 가지 일을 겪고 현재는 소설가로 활동하고 있다. 김중혁 선생을 소개하겠다. 모두 큰 박수로 맞아주길 바란다.

몇 해 전 한 대학에 특강을 나갔다. 친하게 지내는 그 학교 선생님 한 분이 나에게 하소연을 했다. 말인즉슨 '요즘 학생들이 너무 부지런해서 무섭다'라는 것이었다. 부지런한 게 왜 무서워요? 네가 몰라서 그래. 진짜 무서워. 매일 출석하고, 지각도 안 하고, 리포트 내는 거 한 번도 안 빠지고, 영어 공부도 엄청 열심히 하고, 모든 공부를 너무 열심히 하는데 안 무섭겠냐. 그러고 보니 무섭기도 하겠다. 20년 전에 학교 다닐 때에도 그런 학생들이 있긴 했지만 한두 명 정도였으니 무서울 리 없었다. 모든 학생들이 그렇다면 정말 무섭겠다. 이유는 안다. 학점과 취업과 유학과 기타 여러 가지 이유들이 산재해 있으니 공부 안 하고는 못 배기겠지. 뒤떨어질 수는 없으니까. 그래도, 솔직히 이해는 안 간다.

공부 열심히 안 했다고 자랑하려는 게 아니다. 학점과 아이큐는 높은 게 좋고, 등수와 방어율은 낮은 게 좋다. 공부 안 한 거 후회할 때도 있다. 영어 공부 열심히 할걸, 특히 영어 회화 열심히 할걸, 후회한다. 책 열심히 더 읽을걸, 반성한다. 새로운 일에 도전해보지 않은 걸, 새로운 기회를 만들어보지 않은 걸, 아쉬워한다. 그래도 한 가지 확실한 건, 대학 시절 캠퍼스에서 지나가는 학생들을 멍하니 바라보던 시간, 아무것도 하지 않던 시간, 정신줄을 놓은 채 목숨 걸고 놀던 시간, 그 완벽한 진공의 시간이 지금의 나를 만들어주었다는 것이다. 스무 살이라는 나이는 너무 성싱해서 쉽게 상하기 때문에 가끔은 진공 포장하여 외부의 대기로부터 격리해주어야 한다. 20년이 지났지만 그때 진공 포장해둔 나의 뇌 일부분은 아주 싱싱하다. 학사경고와 바꾼 싱싱한 뇌다.

싱글 '라이프'

혼자 살아본 적이 별로 없다. 어렸을 땐 형과 함께 방을 썼고, 대구에서 대학에 다닐 때는 (형이 다니던 대학에 입학하는 바람에, 또!) 형과 함께 방을 썼고, 군대에 가서는 (어쩔 수 없이) 군인들과 함께 방을 썼고, 서울에 와서는 친구와 함께 방을 썼(다기보다 친구가 쓰는 방에 들러붙었)고, 결혼해서는 아내와 함께 방을 쓰고 있으니 40년 넘게 살면서 나 혼자 방을 쓴 것은 몇 년 되지 않는다. 고작 1, 2년 정도다.

오랫동안 동거를 했으니 함께 사는 일에 익숙할 것 같지만 (내가 생각하기에도) 나는 좋은 룸메이트가 아니다. 정리 정돈은 '뻘' 받을 때만 하고, 입맛과 소리와 냄새에 예민한 데다 생활 리듬은 박쥐나 올빼미하고나 살아야 할 정도고(개들하고 밤에 같이 깨어 있으면 서로서로 괴로우려나?) 전체적인 성격도 그리 '옳지 못하'다.

형과 함께 대학을 다닐 때가 '옳지 못한' 성격의 절정이 아니었나 싶다. 형과 나의 생활 리듬은 정반대였다. 형은 일찍 자서 일찍 일어났고, 나는 늦게 자서 늦게 일어났다. 둘이서 편의점 아르바이트를 하거나 불침번을 서는 거였다면 환상의 파트너가 되었겠지만 같은 방에서 생활하는 파트너로는 적당치 않았다. 형은 초저녁에 참 잘 잤다. 신기하기도 하여라! 당시 형의 별명은 '5분 대기조'였는데, 어디든 머리만 닿으면 5분 만에 잠이 드는 바람에 생긴 것이었다. 형이 잠들면 한 대뿐인 컴퓨터를 독차지할 수 있었으므로, 나는 형의 잠을 반겼다.

형이 잠들면 나는 오락의 세계로 빠져들어 지구로 침공하는 우주선을 퇴치하는 비행사가 되거나 독이 든 물병이 어느 것인지 유심히 관찰하는 왕자가 되어 밤을 지샜다. 온전히 혼자만의 시간을 누릴 수 있었다. 그 밤만은 그 방이 내 방이었다. 새벽이 되어야 겨우 잠들었는데 아침이면 시끄러워서 잠이 깼다. 형은 참 부지런도 하여서, 신기하기도 하여라! 아침 일찍 일어나 온갖 음식을 만들곤 했는데, 그 소리가 어찌나 시끄럽던지 형에게 자주 짜증을 냈다.

"아침은 굶고 잠이나 자자, 형!"

하지만 형은 (어머니의 특명을 받고) 나에게 음식다운 음식을 먹이기 위해 참으로 부단히 애를 썼다. 아침 일찍 시장에 가서 생닭을 사와 백숙을 끓이기도 했다. 닭을 참 좋아하지만 눈 뜨자마자 닭을 먹기란 쉬운 일이 아니다. 여러모로 서로에게 힘든 시기가 아니었나 싶다. 지금은 형에게 미안한 마음이 크지만 말이다.

군대에서도 힘들었다. 좋은 군인이었는지는 몰라도 좋은 동거인은 아니었다. 한 번 해병이 영원한 해병이듯 한 번 예민남은 군대에서도 예민남이어서, 옆 사람이 코 고는 소리에 밤새 잠을 못 이룬 적이 많다. 나는 이불을 뒤집어쓰고 플래시를 비춰가며 밤새 책을 읽거나 글을 썼다. 자다 깬 동료가 내 모습을 보고는 (귀신이라도 나타난 줄 알고) 소스라치듯 놀란 적이 여러 번 있다. 졸병일 때는 눈치가 보였지만 계급이 올라갈수록 점점 편안한 나만의 공간을 만들 수 있었다. 이불을 뒤집어쓰면 거기가 꼭 내 방 같았다.

대학 때 처음으로 혼자 살게 되었을 때 얼마나 기대가 컸는지 모른다. 아무에게도 방해받지 않고 내가 하고 싶은 걸 마음대로 할 수 있다는 생각에 (도대체 뭘 하려고!) 얼마나 기뻤는지 모른다. 혼자 살아보니, 좋은 점이 많았지만 불편한 점도 많았다. 혼자 밥 먹는 게 불편했고, 혼자 지내니 누군가와 함께 지낼 때보다 청소를 하지 않게 되고, 자다 깨어 천장을 올려다볼 때 문득 여기가 어딘지, 방향 감각을 상실할 때가 많았다. 졸업을 하고 서울로 올라오면서 짧았던 싱글 라이프는 곧 막을 내렸고, 어떤 면에서는 다행이다 싶었다. 계속 그렇게 살았다면 영양실조에 걸렸을지도 모른다.

몇 년 전부터 작업실에서 글을 쓰고 있다. 동네의 원룸 중에서 가장 작은 크기의 방이다. 책상과 책장을 놓으면 더 이상 뭘 놓기 힘들 정도로 좁다. 좁아서 좋다. 좁기 때문에 뭔가 대단한 일을 하긴 어렵다. 좁은 작업실의 책상 앞에 앉으면 이곳이 무언가에서 많은 수를 뺀 1이라는 사실을 실감하게 된다. 그곳에 앉아 글을 쓴다. 책상엔 스티븐 킹의 이런 글귀를 붙여두었다.

우선, 이것부터 해결하자. 지금 여러분의 책상을 방 한구석에 붙여놓고, 글을 쓰려고 그 자리에 앉을 때마다 책상을 방 한복판에 놓지 않은 이유를 상기하도록 하자. 인생은 예술을 위해 존재하는 것이 아니다. 오히려 그 반대이다.

완벽한 싱글 라이프는 아니지만 나는 이곳에서 싱글 라이프를 즐기고 있다. 혼자 밥을 해 먹기도 하고, 청소도 하고, 낮잠을 자기도 한다. 대학 때의 싱글 라이프가 '1×1=1'이라면, 지금의 1은 '2-1=1'이다. 1에다 계속 1을 곱한 1은 무료하고 외로워 보이지만 2에서 1을 뺀 1은 생기가 넘치게 마련이다.

블라인드를 모두 내리고 낮잠을 자다 깼을 때, 어두운 작업실에서 방향 감각을 잃을 때가 있다. 그럴 때는 혼자서 천장을 올려보면서 생각한다. 나는 뭘까. 곰곰이 생각해도 내가 뭔지 잘 알 수 없으므로 오랫동안 멍하니 천장을 본다. 나는 1이긴 한데, 뭐에서 뭘 빼고 남은 1인지, 아니면 무수히 많은 1을 곱해서 생겨난 1인지, 늘 1이었던 것인지, 어느 순간 1이 된 건지, 도대체 나는 뭔지, 그렇게 오랫동안 1을 생각한다. 내가 작업실을 마련한 것은, '싱글'을 즐기기 위해서가 아니라 '라이프'가 뭔지 깨닫기 위해서다.

플라스틱보다 끈질긴

 이제 와서 고백하는 것이지만 어렸을 때 친구들을 많이 속였다. 거짓말도 많이 했던 것 같고 이간질과 중상모략으로 친구를 괴롭힌 적도 몇 번 있다. 그중에서도 가장 죄책감이 드는 건 '뽑기 위조사건'이다. 그때의 친구들에게 사건의 진상을 공개한다.
 내가 중학교 1학년 때까지 부모님은 '구멍가게'를 운영했다. 말 그대로, 글자 그대로 벽에다 구멍만 살짝 뚫어놓은 것 같은 허름한 가게였다. 가게를 운영했다곤 하지만 절대 잘사는 집이 아니었다. 따져보자면, 오히려 가난한 쪽이었다. 그러나 친구들은 부잣집 아이들보다도 나를 더 부러워했다. 우리 집에는 아이들이 원하던 모든 게 있었다. 우리 집은 불량식품과 다양한 구슬과 싸구려 장난감으로 만들어진 천국이었다. 그중에서도 가장 인기가 많았던 게 (지금은 어떤 이름으로 불리는지 모르겠지만) '뽑기'였다. 커다랗고 두꺼운 종이판에 권총이나 물총 같은 장난감, 플라스틱으로 만든 작은 모형, 풍선과 껌 같은 갖가지 상품이 매달려 있었고, 그 아래 스물다섯 개 정도의 동그란 번호판(아, 기억이 정확하지 않다)이 있었다. 번호판 하나를 선택해 뒤집으면 거기에 또 다른 번호가 적혀 있고, 그 번호에 걸려 있는 상품을 가져가면 되는 시스템이었다.

뽑기를 기억하는 사람이 꽤 많을 것이다. 거기엔 괜찮은 상품이 많았다. 동전 하나 내고 희망을 걸어볼 만했다. 잘만 고른다면 본전을 뽑기에 충분했다. 그러나 미안하다, 친구들이여. 희망을 걸었던 친구들이여, 진심으로 미안하다. 나는 새로운 뽑기 용지가 도착하면 그걸 불빛에 비춰 보았다. 희미하게 번호가 보였다. 구멍가게 집 아들만이 뽑기 종이를 불빛에 비춰 볼 수 있었다. 나는 마음에 드는 상품 몇 개의 번호를 외웠다. 며칠 기다린 다음(최고의 상품을 내가 먼저 뽑아버리면 장사가 안 될 테니까) 자연스럽게 그 번호를 뽑았다. 형편없는 상품을 뽑은 친구들의 실망하는 모습을 보면서 나는 안도했다. 나는 그 장면이 내내 마음에 걸렸다. 아주 오랜 시간이 지났지만 실망하던 친구들의 표정이 불현듯 떠오르면 죄책감에 시달리곤 했다.

그 시절을 떠올리다 보면 뽑기 속의 상품과 동그란 번호판이, 나와 내 친구들 삶의 중요한 분기점이었다는 생각이 든다. 지역마다 차이는 있겠지만 1971년생이며 지방의 소도시 출신이었던 우리들에게 초등학교 시절은 흙과 플라스틱이 공존하던 시절이었다. 우리의 주 무대는 흙이었다. 운동장의 흙에다 운동화 뒤꿈치로 구멍을 낸 후 구슬치기를 했고, 운동화를 세워 운동장에다 선을 그은 다음 (아시려나 모르겠다, 우리 시대 전설의 게임) '강 건너기'를 했으며, 흙 위에서 슬라이딩하며 축구를 했고, 커다란 선을 그어놓은 다음 병뚜껑으로 땅따먹기를 했다. 그러나 우리는 집으로 돌아오는 길에 넋을 잃고 플라스틱을 바라보곤 했다. 문구점에 가득 쌓인 프라모델을 보며 정신을 잃었고, 구멍가게 진열장에 쌓인 조잡한 플라스틱 장난감에도 침을 흘렸다. 우리는 모두 나만의 장난감을 갖고 싶었던 것이다.

흙은 소유할 수 없다. 흙은 나눠 가지는 것이고 함께 서 있어야 하는 곳이다. 하지만 플라스틱을 알게 된 후부터 소유의 개념이 생겨났다. 나와 너의 구분이 생겨났다. 절대 빌려줄 수 없는 나만의 물건이 생겼으며 '나도 꼭 갖고 싶은' 너의 물건이 생겼다.

딱지치기에서 딱지를 다 잃는다 해도 집 안의 달력을 뜯어내(부모님께 조금 혼이야 나겠지만) 다시 만들면 된다. 땅따먹기에서 땅을 다 잃는다 해도 바로 옆에다 선을 그어(땅으로 인정해주지 않겠지만) 내 땅을 다시 만들면 된다. 플라스틱 딱지나 카드 따먹기에서는 이런 일이 불가능하다. 공장에 가서 플라스틱으로 새 제품을 직접 찍어오지 않는 이상 돈을 내고 사야 한다. 돈이 있어야만 우리들만의 장난감을 살 수 있었다. 내가 친구들에게 미안한 것은 이런 마음을 이용했기 때문이다. 플라스틱을 가진 자가 권력자였다.

최근에 폰FON이라는 걸 알게 됐다. 폰은 무선 랜을 공유하는 커뮤니티다. 원리는 간단하다. 나의 무선 랜을 누군가에게 열어주면,

나는 누군가의 무선 랜을 공짜로 쓸 수 있다. 보이지 않는 가상의 선과 보이지 않는 공간에서 서로 만나고 공유하고 놀이를 즐긴다는 사실이 새로웠다. 폰을 사용하면서 플라스틱 시대의 공유를 생각했다. 이미 주변에서 흙은 사라졌고 함께 나눌 수 있는 공간과 시간도 찾기 힘들지만 폰과 같은 공유 커뮤니티는 계속 생겨나고 있다. 폰이라는 커뮤니티가 성공할 수 있을지, 어디서나 무선 인터넷을 이용할 수 있는 행복한 세상이 과연 올 것인지 알 수 없다. 실패할 가능성도 높다. 하지만 '상대방과 함께 나눈다'라는 기본 생각이 사라지지 않는 이상 우리는 실패하는 것이 아니다. 플라스틱이 전 지구를 뒤덮는다 해도(실제로 이렇게 되면 좀 끔찍하긴 하겠지만) 우리들에겐 플라스틱보다 더 오랫동안 썩지 않는 '공유 정신'이 있다.

상상력,
세상을 바라보는 방법

얼마 전, 디지털 카메라를 구입하게 됐다. 어찌나 순식간에 벌어진 일인지, '어, 어, 이러면 안 되는데……' 하면서도 오른손이 하는 일을 왼손이 막지 못하여, 새로운 카메라 한 대가 내 책상 앞으로 배달되었다. 그럴 때면 나도 내가 무섭다.

오래전부터 수많은 카메라를 써왔지만 DSLR은 처음이었다. 처음이다 보니 몸체와 더불어 렌즈도 사야 했다. 씀씀이의 규모를 생각하면 마땅히 싸구려 렌즈를 사야 했지만, 그리고 사진 실력을 생각하면 싸구려 렌즈조차 과분한 것이었지만, 나는 기어코 고급 기종의 카메라 렌즈를 사고야 말았다. 명필은 붓을 가리지 않는다고 하지만, 명필이 붓을 가리지 않는 이유는 아마도 평생 동안 좋은 붓을 질릴 정도로 써봤기 때문일 것이라 확신하며, 셀 수 없이 많은 붓을 쓰는 과정에서 자연스럽게 명필이 된 것이라 추측하며, 돈을 지불했다.

그런데 문제가 좀 생겼다. 동네방네 그 무거운 카메라를 들고 다니면서 파파라치처럼 사진을 찍어대는데도 도무지 사진 실력이 늘지 않는 것이다. '나는 사진도 잘 찍지 못하면서 왜 그렇게 비싼 렌즈를 산 것일까'라며 나 자신을 책망하기도 했다. '왜 내가 카메라를 꺼내기만 하면 잘 웃던 사람이 웃음을 멈추고, 파랗던 하늘은 갑자기 뿌옇게 변하는 것일까'라며 저주받은 운명을 한탄하기도 했다.

그보다 먼저 이런 생각이 들기도 했다. 나는 왜 사진을 찍으려는 걸까. 왜 누군가에게는 한 달 월급인 돈을 카메라 사는 데 쓰는 것일까. 나는 왜 기록하려 하는 것일까. 도대체 무엇을 기록하고 싶은 것일까. 아름다움을 기록하려는 것일까, 정보를 기록하려는 것일까, 내 흔적을 기록하려는 것일까. 왜 정확한 색상을 표현하기 위해 화이트밸런스를 맞추고, 왜 대상을 왜곡하지 않기 위해 광각을 피하며, 어째서 심도를 배우기 위해 연습을 하고, 도대체 뭘 찍겠다고 카메라를 들고 다니는 것일까. 나는 그 답을 찾고 싶었다.

영국의 비평가였던 존 러스킨의 두 가지 이야기가 흥미로웠다. 두 이야기 사이에는 25년이라는 시간의 틈이 있다. 그는 1845년 아버지에게 보낸 편지에 이렇게 적었다.

> 그 강렬한 햇빛으로 찍은 다게레오타입은 정말 훌륭합니다. 마치 궁전을 그대로 옮겨놓은 것 같습니다. 돌덩어리 하나와 얼룩 한 점 빠진 것이 없고, 크기도 똑같습니다. 그것들에 정말 반했습니다. 그래서 제가 좋아하는 다른 건축물들도 찍게 할 참입니다. 사람들이 무어라 하든

그것은 고귀한 발명입니다. 제가 나흘 동안 그랬듯이 실수하고 헤매기만 하다가 결국 그리지 못한 대상이 단 30초 만에 완전무결하게 표현되는 것을 본다면 누구라도 그것을 비난할 수 없을 것입니다.

그로부터 25년이 지난 1870년, 그는 자신의 생각을 바꾸었다. 『예술 강의』 20권에 그는 이렇게 적었다.

나는 여러분에게 사진은 미술의 가장 사소한 장점과 유용성에도 미치지 못한다고 단언하는 바입니다. (…) 사진으로 찍힌 장면이나 그림에서는 아무리 집중하고 노력해도, 사물 그 자체의 아름다움 이상은 볼 수 없습니다. 따라서 그런 대가를 치러본 사람은 더 이상 풍경 사진에 관심을 보이지 않을 것입니다. 풍경 사진은 진짜처럼 보이지만 사실은 진짜가 아닙니다.

그에게 무슨 일이 생겼던 것일까? 25년이라는 시간의 틈에서 그는 무슨 생각을 하게 된 것일까?

그는 모든 것을 완벽하게 재현해내는 카메라의 기능에 반했다가, 그 재현에 인간의 의도가 개입할 수 없음을 깨닫고는 카메라를 버렸다. 행위를 기록하고, 위대한 거장들의 그림을 베끼는 데는 훌륭한 도구일 수 있지만 예술은 아니라고 못 박았다. 사진이 예술이 아니라는 의견에는 동의할 수 없지만 그가 왜 카메라를 버렸는지는 조금 이해할 수 있을 것 같다.

  몇 년 전 네덜란드 암스테르담의 반 고흐 미술관에 다녀왔다. 계단으로 걸어 올라가면 2층 전시실의 왼쪽에서 두 번째에 〈작가의 초상Self-Portrait as an Artist〉이라는 작품이 걸려 있다. 1888년, 그러니까 반 고흐가 죽기 2년 전에 그린 작품이다. 나는 그 그림 앞에 오랫동안 서 있었다. 멀리서 보기도 하고 가까이 가서 보기도 하고 왼쪽에서 보기도 하고 오른쪽에서 보기도 했다. 그 그림이 어떤 상황에서 그려진 것인지, 미술사적으로 어떤 의미가 있는 작품인지 전혀 몰랐다. 그저 하염없이 그 그림을 보았다. 그림 속의 눈동자를 오랫동안 바라보았다. 눈동자 주위가 발갛게 충혈되어 있었다. 그는 울고 있었을까? 아니면 너무 피곤했을까? 그의 눈은 이젤을 바라보고 있지 않았다. 그 어느 곳도 바라보지 않았다.

  한 30분쯤 그림을 들여다보았을 때 내 마음속 어디에서 무언가 치밀어올랐다. 조금 더 시간이 지나면 울지도 모르겠다는 느낌이 들었다. 유럽의 미술관에 가서 거장들의 그림을 보며 눈물을 흘렸다는 사람 얘기를 들은 것도 같은데, 내가 그런 경험을 하게 될 줄은 몰랐다. 왜 그랬을까? 이 먼 곳까지 와서 반 고흐의 그림을 직접 보았다는 감격 때문이었을까? 잘 알지도 못하는 반 고흐의 삶이 너무 비참하다는 생각이 들어서였을까? 아니면 그림을 너무 오래 들여다봐서 피곤했던 것일까?

  이유를 모르겠다. 다른 그림들을 둘러보고 다시 그 그림 앞으로 갔다. 그의 눈동자를 들여다보자 또 눈물이 나려고 했다. 다시 자화상을 보았을 때, 그 그림이 평면이 아니란 걸 깨달았다. 캔버스 위에 두텁게 바른 물감들은 선명한 굴곡을 드러내며 어떤 입체를 드러내고 있었다. 붓질의 방향과 두께로 고흐는 자신의 감정을 드러내고 있었다. 화가는 행복해 보였다. 자신의 고민을 작품에다 그대로 드러낼 수 있으니 말이다.

존 러스킨이 사진을 폄하했던 이유가 거기 있을 것이다. 사진은 관찰하지 않으며, 관찰한다 하더라도 세상을 자기 식으로 재구성할 수 없다. 예술이 세상을 관찰하고 그것을 자기 방식대로 재구성하는 행위를 일컫는 것이라면 존 러스킨이 옳다.

존 러스킨은 사람들에게 데생 방법을 가르쳤다. "인류에게 글 쓰는 기술보다 현실적으로 더 중요하며 글쓰기와 마찬가지로 모든 아이들에게 반드시 가르쳐야만 하는 데생 기술은 지금까지 워낙 무시되고 남용되었기 때문"이라는 것이 그의 생각이었다. 그가 데생 방법을 가르치는 이유는 그림을 그리는 방법을 가르치기 위한 것이 아니라 세상을 바라보는 방법을 가르치기 위한 것이었다.

세상을 바라보는 방법을 다른 이름으로 정의하자면, 아마도 상상력일 것이다. 세상에는 답을 알 수 없는 수많은 질문들이 존재하며, 답을 알 수 없으므로 하나의 질문에 무수히 많은 답이 있을 수밖에 없다. 존재하지 않는 답을 찾기 위해 세상을 아주 자세히 관찰하면 어느 순간 자신만의 답이 생겨나게 된다. 나는 반 고흐의 그림을 오랫동안 바라보면서 그가 왜 그런 식으로 그림을 그렸을까를 추측했다. 나는 그가 순간적인 빛의 파동을 그림으로 나타내고 싶어했으며 1천만 분의 1초로도 잡아낼 수 없는, 어떤 찰나의 순간을, 물질적이지 않은 정신의 어느 한 지점을 그림으로 그리고 싶어했을지도 모르겠다는 상상을 했다. 그 순간은 너무나 찰나여서 어

쩌면 세상에는 존재할 수 없는 순간일지도 모르지만, 그래도 그는 그걸 표현하고 싶어했을지도 모르겠다는 상상을 했다. 상상에는 정답이 없다.

박물관이나 미술관에서는 왜 사진을 못 찍게 하는 것일까. 그건 플래시 빛에 의해 작품이 훼손되는 것을 막기 위해서가 아니라 관람자들에게 세상을 바라보는 방법을 가르치기 위해서일지도 모른다. 미술관에 가면 수많은 사람들의 머리에서 뿜어져 나오는 상상의 무더기를 느낄 수 있다.

내가 문학을 선택하게 된 것도 마찬가지 이유 때문이었던 것 같다. 나는 아름다움의 정체를 상상하고 싶었고, 그 상상의 줄기를 글로 표현하고 싶었다. 반 고흐의 작품을 보고 난 후 생각해보니 문학 역시 '종이라는 평면'에 펼쳐지는 예술이 아니었다. 반 고흐가 캔버스에 두껍게 붓질을 했던 것처럼, 나는 내가 원하는 장면의 시간을 마음대로 늘릴 수 있다. 1년을 한 문장으로 줄일 수 있으며 한 시간 동안의 일을 책 한 권으로 쓸 수도 있다. 같은 단어를 계속 반복할 수도 있으며, 어떤 단어는 전혀 쓰지 않을 수도 있다. 좋은 소설을 읽을 때면 머릿속에 거대한 지도가 그려지고, 완벽한 건축물이 세워질 때가 있다. 가보지 못한 곳이고 만져보지 못한 건축물이지만 머릿속에 생생한 입체로 남을 때가 있다. 내 소설도 그렇게 아름다웠으면 좋겠다는 생각을 하며 단어를 고르고 문장을 다듬고 단락을 교체한다. 나는 계속 두껍게 붓질을 한다. 그 방식은 소설이라는 장르가 생겨난 이래 단 한 순간도 변하지 않았을 것이다. 21세기라고 해서 변하는 것은 없다.

이제 왜 내가 사진을 찍고 싶어하는지 알 것 같다. 나는 카메라의 렌즈를 통해 세상을 관찰하는 법을 배우고 싶었던 것이다. 저장된 사진을 통해, 내가 세상을 관찰하는 방식의 패턴을 알고 싶어했던 것이다. 존 러스킨은 카메라는 관찰의 도구가 아니라고 했지만 그건 어떻게 사용하느냐에 달린 문제이다. 내 모든 감각을 열어 세상을 관찰한 다음, 맨 마지막 순간에 사진으로 그것을 기록한다면 나의 감각은 더욱 확장될 수 있을 것이다. 카메라에게 그 주도권을 빼앗기지만 않는다면 나는 훨씬 더 많은 것을 보고 느낄 수 있을 것이다. 더 많은 아름다움을 내 속에 저장할 수 있을 것이다.

모든 것은
스티커에서 시작된다

 전생에 도배장이였는지, 나는 어디에 뭘 붙이는 걸 그렇게 좋아한다. 스티커만 생기면 손이 근질거리고, 어디에다 붙이면 좋을까 눈이 근질거린다. 물건을 사면 우선 스티커를 붙이고 본다. 스티커가 붙어 있지 않으면 내 물건이 아닌 것 같다. 노트북 윗면에는 수십 장의 현란한 스티커가 붙어 있다. 수첩도, 기타 케이스도, 가방도, MP3 플레이어도 온통 스티커로 가득하다. 어린 시절부터 그랬던 것 같다. 부모님은 아주 진저리를 쳤다. 제발 물건 좀 더럽히지 말라며 잔소리를 하셨다. 물건을 깨끗하게 써봤자 물려줄 동생도 없는데, 재활용할 일도 없는데 왜 그랬는지 모르겠다.

 나는 나만 그런 줄 알았다. 디자인 감각이 별나서, 깨끗한 공간을 가만두지 못하는 더러운 성격의 소유자여서, 아직도 어른이 되지 못한 탓에, 나만 그런 줄 알았다. 하지만 나이가 들고 보니 주위에는 스티커를 좋아하는 어른들이 꽤 많았다.

 내가 아는 어떤 사람은 자신의 어린 시절 흑백사진을 스티커로 만들고, 거기에다 연락처를 적어넣어 명함처럼 사용하고 있다. 흑백사진의 아릿한 정취를 느낄 수 있어 새롭다. 어떤 화가는 전시회를 열 때마다 팸플릿 대신에 스티커를 만들어 관객들에게 나눠준다. 관객은 팸플릿을 보고 버리는 대신, 작가의 작품을 어딘가에 붙일 수 있는 영광스러운 기회를 얻게 되었다. 어떤 작가는 스티커를 자체 제작하여 사인회 때 독자들에게 나눠주기도 한다.(이건 나도 해보고 싶었다.)● 수많은 록밴드들은 공연장 입구에다 자신의 스티커를 쌓아둔다. 어딘가에 스티커를 붙인 다음 자신들의 노래를 기억해달라는 뜻이다.

스티커란 하나의 상징이자 압축된 시간이다. 스티커만 보면 노래가 떠오르고, 그림이 생각나고, 그 시절의 시간이 생각난다. 아주 작은 스티커 하나를 붙일 뿐이지만 그 속에는 시간과 느낌이 압축돼 있는 것이다.

스티커는 취향의 압축물이기도 하다. 우리는 화가의 그림을 고르는 것처럼 스티커를 선택한다. 어디에 붙일 것인가를 선택하면서 제품과 스티커의 '조화'를 염두에 둔다. 똑바로 붙일 것인가, 삐뚤게 붙일 것인가에 따라 우리의 디자인 감각을 엿볼 수도 있다.

●
결국 해봤다. 장편소설 『미스터 모노레일』을 펴내고 부록으로 스티커를 선물했다. (내가 보기엔) 사람들이 참 좋아하더라. 문제도 있었다. 스티커가 많아지다 보니 내 책과 물건들이 모두 스티커로 도배가 됐다.

길을 가다가 누군가의 스티커를 보면 유심히 관찰하게 된다. 스티커 속에 그 사람의 캐릭터가 들어 있기 때문이다. 가방에 록밴드 메탈리카의 로고 스티커를 붙여놓은 이십 대 남자, 자동차 뒷 유리에 'HAVE A NICE DAY'라는 문구를 붙여놓은 기분 좋은 사람, 탁자 위 지갑에 빅뱅 멤버 태양의 얼굴을 붙여놓은 여학생, 노트북에 'FUCK BUSH'라는 문구를 붙여놓은 디자이너, 맥북의 하얀색 윗면에 천으로 만든 'LOVE' 스티커를 붙인 이십 대 여자. 그 모든 사람들이 스티커를 통해 자신의 메시지를 발산하고 있다. 스티커가 있어 세상이 훨씬 풍요로워진 느낌이다.

홍대 근처나 압구정동이나 대학로를 걸을 때마다 어머니의 말씀이 떠오른다.

"도시를 깨끗하게 좀 쓰지, 뭘 이렇게 많이 붙여놓았냐!"

어머니 말씀이 맞다. 좀 지저분하긴 하다. 벽에는 수많은 것들이 붙어 있다. 대출 광고 전단지, 영화 홍보 포스터, 나이트클럽 광고 포스터, 잃어버린 강아지를 찾는 전단지 등 벽이 보이지 않을 정도다. 모두 자신이 원하는 바를 얻기 위해 붙여놓은 것들이다. 어지러운 벽을 보며 걷다가 가끔 그런 충동을 느낀다. 저기 벽 한 귀퉁이, 아무도 보지 않는 곳에다 스티커를 붙이고 싶다는 충동을 느낀다. 자신을 광고하기 위해 붙여놓은 수많은 종이 사이에, 보기만 해도 마음이 환해지는, 보고만 있어도 새로운 아이디어가 떠오르는 멋진 스티커를 만들어서 붙여놓는 것이다. 누가 그걸 보게 될까. 언제쯤 보게 될까. 보고 난 후에는 무슨 일이 생겨날까. 상상만 해도 재미있다. 내가 벽 한 귀퉁이에 붙여놓은 스티커에 감동을 받은 한 사람이 예술의 세계에 빠져들고, 그 후 수십만 명의 마음을 뒤흔드는 가수 혹은 화가 혹은 소설가 혹은 시인이 되어 인터뷰에서 이렇게 얘기하는 것이다. "모든 것은 스티커 한 장에서 시작되었습니다"라고. 충분히 가능한 일이다. 벽 한 귀퉁이를 뚫어지게 바라보는 사람이라면, 그리고 작은 스티커에 감동할 줄 아는 사람이라면, 수백만 명의 마음을 뒤흔들 수도 있을 것이다. 모든 위대한 사건은 스티커처럼 작은 공간에서 시작되는 법이다.

눈물도 삶의 통행료

어지간해선 울지 않았다. 남자라서 참는 게 아니고, 눈물이 나지 않았다. 슬픈 드라마를 봐도, 가슴 아픈 이야기를 들어도, 감동적인 순간을 겪어도, 눈물이 나지 않았다. 아무래도 전생에 사이보그가 아니었을까(사이보그도 환생할까?) 의심한 적도 있다. 이러다가 평생 제대로 울어보지도 못하고 죽는 게 아닐까 걱정했다. 걱정도 팔자지만 나는 우는 순간이 좋다. 눈물을 펑펑 흘리고 나면 가슴속을 꽉 막고 있던 무언가가 홍수에 떠내려간 기분이 들어서 좋다. 길이 뚫렸달까, 제방이 터졌달까, 그런 기분.

역시 걱정도 팔자였던 것이, 한 해 한 해 나이를 먹을수록 더 자주 울게 된다. 누군가는 나이가 들면 남성 호르몬이 적어지기 때문에 눈물이 많아진다는 얘기를 한다. 그 말도 맞을 수 있겠다. 내 생각에 눈물이 많아지는 건 경험이 많아졌기 때문이 아닐까 싶다. 나이를 먹으면서 수많은 경험을 하게 되고, 그 경험으로 인해 더 많은 사람들과 상황을 이해하게 되고, 이해하다 보니 공감하게 되고, 내 얘기 같고, 내 얘기 같으니 눈물이 나는 것은 아닐까 싶다. 이해하지 못하면 눈물은 나지 않는다. 울면 울수록 누군가를 이해하게 된 것 같아 마음이 뿌듯하다.

  다른 사람은 어떤지 모르겠지만 나는 스포츠 경기를 볼 때 눈물이 가장 많이 난다. 이런 얘기 민망하지만 새벽에 혼자 앉아 스포츠 경기를 보다 눈물을 훔칠 때가 많다. 마라톤을 보다 울고, 페널티킥을 보다 울고, 스파이크를 보다 울고, 장대높이뛰기를 보다 울고, 멀리뛰기를 보다 운다. 선수들의 표정을 보고 있으면 눈물이 난다. 그들의 표정에서 그동안 겪은 시간이 보이기 때문이다. 그들의 환호를 보며 울고 있으면 그들의 시간을 함께 이해한 듯한 느낌이 든다. 눈물이란 다른 사람의 삶을 이해할 수 있게 된 대가로 내가 세상에 지불하는 동전인 셈이다. 억울해서, 나를 몰라줘서, 속상해서 흘리는, 온전히 나를 위해 흘리는 눈물은 싫지만, 다른 사람을 위한 눈물이라면 그게 얼마든 삶의 통과비로 지불하고 싶다.

언젠가부터 사진을 찍지 않고 있다.
내 눈을 가리고 상대방을 보는 대신
상대방의 눈을 보면서 대화하는 게 훨씬 즐거워졌다.
인생의 각 시기에는 거기에 알맞은 세상과의 대화법이 있다.
지금의 나는 카메라 시기에서 수다 시기로 넘어가고 있다.

버티다 보면
뭐라도 되겠지

　꿈이 별로 없었다. 누군가 꿈을 물어봐도 말할 게 없었다. 그 흔한 대통령이라든가 과학자라든가 선생님이 되고 싶다는 꿈을 꿔본 적도 없다.(대통령을 꿈꾸었던 아이들은 모두 어디에서 뭘 하고 있을까.) 나이가 들면 뭐라도 되겠지, 나이가 들면 더 이상 어린아이가 아닐 테니 내가 하고 싶은 걸 뭐라도 할 수 있겠지, 그런 생각을 했다. 고등학교 때는 어렴풋하게 글 쓰는 사람이 되고 싶다는 생각을 했다. 꿈 같은 건 아니었고, 글을 쓰는 걸 직업으로 삼으면 어떨까 궁금했다. 문예 창작을 가르쳐주는 학과가 있다는 건 나중에 알았기 때문에 국어국문학과에 입학했고, 국어국문학과가 글쓰기를 가르쳐주는 학과가 절대 아니라는 건 일찍 깨달았기 때문에 학교는 대충 다녔고, 글을 잘 쓰기 위해서는 아주 오랜 시간이 필요하다는 걸 나중에 알았기 때문에 나에게는 아무런 재능도 없는 줄 알았다. 아무것도 되지 못할까 봐 자주 두려웠다.
　방송작가가 되기 위해 여의도의 방송작가 아카데미에 다닌 적이 있다. 기초적인 것을 기초반에서 배우고, 중급반에 올라가서 처음으로 드라마를 써보았다. 60분짜리 단막극을 써 가는 게 숙제였는데, 작품을 끝내고 나는 내가 천재인 줄 알았다. 어떻게 이런 일이…… 드라마를 처음 쓰는 사람이, 이토록 놀라운 드라마를, 단 이틀 만에 써낼 수 있단 말인가. 제목도 기억난다. 「지하철 살인 미수 사건」. 도입부는 흥미진진하고, 전개는 재빠르며, 캐릭터는 흥미롭고, 절정은 폭포처럼 웅장하며, 결론에 이르러서는 진한 뒷맛을 남기는구나. 그런 생각을 하며 숙제를 제출했다. 내 작품을 보고 선생님이 해준 말이 지금도 귓가에 생생하다.

"김중혁 씨는 드라마랑 안 맞는 것 같아요. 다른 걸 해보세요."

저, 다른 거라면 어떤 걸 말씀하시는지, 라고 그때 선생님께 여쭤봤어야 했을까.(그때 여쭤봤으면 내 인생이 달라졌을까?) 하지만 나는 패배감에 사로잡혀 아무것도 묻지 못하고 학원을 그만두었다. 그날 이후 나는 인생을 비관하기 시작, 방황에 방황을 거듭하며 매일을 술로 연명하고 난폭해지는 대신 내가 정말 하고 싶은 게 뭔지 생각하기 시작했다. 글을 쓰고 싶긴 했다. 하지만 대사를 쓰는 건 나와 맞지 않았다. 나는 사람들의 처지와 사물들의 상황과 날씨의 변화와 감정의 이동을 묘사하고 싶었다.

본격적으로 소설 습작을 시작한 게 그즈음이었다. 소설을 쓰면서도 나는 아무것도 되지 못할까 봐 자주 두려웠다. 다른 사람들이 직장에서 열심히 일하고 있을 때 나는 빈둥거렸다. 빈둥거리는 게 괴로웠다. 밤새 소설을 쓰고 정오에 일어났을 땐 나 자신이 패배자 같았다. 눈에 보이는 걸 하고 싶었다. 벽돌을 쌓아올리든 땅을 파든 물건을 옮기든 뭔가 눈앞에서 변화가 일어나는 일을 하고 싶었다. 글을 쓴다는 건 참으로 추상적인 일이다. 추상적인 일을 하다 보니 스트레스 역시 추상적이었다.

 소설가가 되어 그 시간을 돌이켜보니 참 아깝다. 밤새 소설을 썼으니 정오에 일어나는 건 당연한 일이고(아냐, 너무 일찍 일어난 건지도 몰라), 내가 열심히 글을 쓰고 있을 때 다른 사람들은 '퍼질러'

자고 있었으니 낮에 빈둥거린다고 괴로워할 일이 아니었다. 놀 수 있을 때는 최대한 즐겁게 놀았어야 했다. 스스로에게 시간을 주고, 기회를 주고, 관대했어야 했다. 앞으로는 스스로에게 관대하고, 타인에게 엄격한 사람이 되어야겠다고, 다짐해본다.(이런, 너무 비호감인가?)

방송작가 아카데미에서 기초를 배웠는데도 나는 소설 속 대사 쓰기에 약하다. 드라마나 토크 버라이어티 프로그램을 자주 보는 것도 그 때문이다. 특히 토크 버라이어티를 보고 있으면 얻는 게 많다. 말하는 방법을 배울 수도 있고, 재미있는 이야기를 들을 수 있으며, 의외의 상식도 얻을 수 있고, (에, 또) 소설가로서 새로운 캐릭터를 만들어내는 데도 도움이 된다. 연예인들이 나와서 영화나 드라마 홍보를 하는 거야 그 나물에 그 밥이어서 별다른 재미가 없지만 의외의 인물이 나와서 뜻밖의 깨달음을 줄 때가 많다. 얼마 전 〈놀러와〉에 출연했던 UFC 파이터 김동현 선수의 이야기를 듣다가 뒤로 넘어가버렸다. 추성훈 선수가 운동선수가 되지 않았다면 파일럿이나 화가, 발명가가 되고 싶었다는 이야기를 하자, 진행자 유재석이 김동현 선수에게도 질문을 던졌다.

"김동현 선수는 운동선수가 되지 않았으면 뭐가 되었을 거 같아요?"

김동현 선수가 대답했다.

"집에. 아마 짐이 되었을 거예요."

진행자나 게스트는 크게 웃지 않았는데 나는 보다가 방바닥을 데굴데굴 굴렀다. 웃기지만 슬프다. 그 이야기를 듣는 순간 집 한구석에 아무 말 없이 짐짝처럼 구겨져 있는 커다란 덩치의 슬픈 김동현 선수 얼굴이 떠올라 미친 듯이 웃었다. 나 역시 누군가의 짐이 되지 않기 위해 뭐라도 되고 싶었는지 모른다. 김동현 선수의 심정을 알 것 같다. 내가 생각하기에 '재능'이란, (천재가 아닌 다음에야) 누군가의 짐짝이 될지도 모른다는 두려움과 나에 대한 배려 없이 무작정 흐르는 시간을 견디는 법을 배운 다음에 생겨나는 것 같다. 그래, 버티다 보면 재능도 생기고, 뭐라도 되겠지.●

●
뭐라도 되겠지. 이 문장을 제목으로 하자는 의견을 듣고 처음엔 어리둥절했다. 이게 좋은 뜻일까? 긍정이긴 하지만, 때로는 체념처럼 들리지 않을까? 하긴 체념이어도 상관없다. 작은 체념이 들어 있는 긍정이야말로 튼튼한 긍정이 아닐까.

깜짝상식

단춧구멍이 4개인 까닭은 뭘까요?

단추가 처음 발명된 것은 1829년이었다. 런던 근교의 템포치라는 작은 마을에 살던 피터 크루이프가 최초의 발명자라고 알려져 있지만 실은 그의 아내 메리 크루이프가 단추를 발명했다. 피터는 런던에서도 알아주는 바람둥이였는데, 메리는 남편의 옷이 덜렁거리는 걸 꼴 보기 싫어했고, 늘 앞섶을 채워주고 싶어했다. 메리가 고안해 낸 최초의 단추는 구멍이 두 개뿐이었다. 수많은 여자들에게 자신의 가슴 근육을 자랑하고 싶던 피터는 불만이 많았다. 옷에 단추가 생기자 누군가에게 구속받고 있다는 생각이 들었다.
어느 날 피터는 아내를 골탕먹이기로 작정하고 자신의 옷에 있던 단추를 모두 뜯어냈다. 그리고 뾰족한 쇠막대기로 나뭇조각 단추에 작은 구멍을 두 개 더 뚫었다. 구멍이 많아질수록 아내의 일이 많아질 것이고, 그렇게 된다면 간섭이 덜할 것 같았다. 집으로 돌아온 피터는 나뭇가지에 걸려 낭떠러지로 떨어졌다고 아내에게 거짓말을 했다. 메리는 구멍이 네 개 뚫린 단추를 보고 깜짝 놀랐다. 자신이 미처 생각하지 못했던 아이디어였다.
구멍이 네 개 뚫린 단추는 더욱 튼튼하게 피터 크루프의 앞섶을 채웠고, 구멍이 네 개가 되자 모든 구멍에 실을 통과시켜야 했으므로 메리의 일은 더 많아졌다. 인류의 비극이 바로 구멍 네 개 뚫린 단추에서 시작된 것이다. 피터는 단추에 더 많은 구멍을 뚫기 위해 사람 얼굴 크기만 한 단추를 개발했고 구멍을 스물다섯개까지 뚫은 적도 있다. 하지만 사람의 얼굴과 단추를 혼동하는 바람에 단추에다 말을 거는 사람이 많아져 현재 우리가 많이 쓰는 단추의 크기로 축소됐으며, 단춧구멍의 수도 가장 경제적인 네 개로 — 가끔 한 개, 두 개, 세 개인 것도 있지만 — 정착됐다.

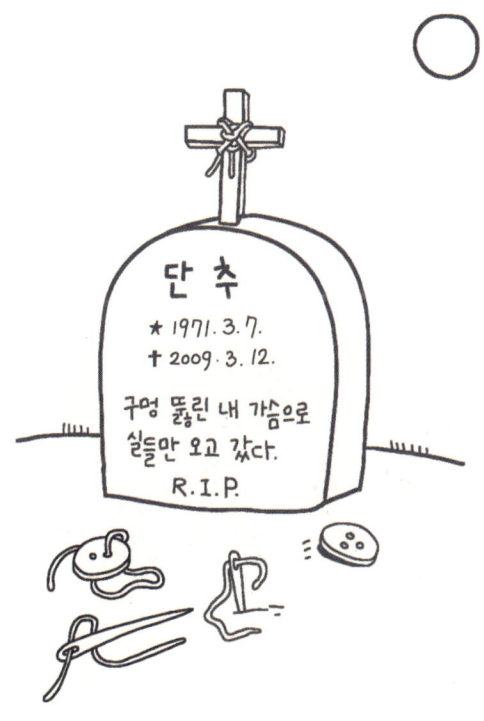

수줍은 가로등

저는 한국의 거리가 좀 더 재미있으면 좋겠어요.
유럽에 갔을 때 정신없는 거리 풍경에 놀랐어요.
노래부르는 사람도 있고, 마네킹이 된
사람도 있고, 거리에서 뭔가 다양한 일들이
벌어지는 게 재미있었어요.

가로등 얘기가 나왔으니 말인데,
예전에 이런 걸 상상해 본 적이 있어요.
이른바, 수줍은 가로등!!!

이런 가로등은 많이 보셨죠. 사람이
나타나면 가로등이 자동으로 켜지죠.
수줍은 가로등은 그 반대입니다.

너무 수줍어서
몸을 배배
꼬고 있는 모습을
형상화한 겁니다.

사람이 나타나면 가로등이 곧바로 꺼지는
최첨단 시스템입니다.
쓸모가 없다구요?
이런 분들께 특히 유용합니다

오빠, 어디 가? 두리번

응? 아니, 조용히 얘길 좀······

오빠 읽지? 두리번

찌릿

키스할 곳을 찾지 못한 분들.

정말 급한 분들!

간다?

그 외 여러가지 이유로 빛을 싫어하는 분들!

숨바꼭질 때 늘 술래가 되는 분들.

뛰어, 수줍은 가로등이야. 불 꺼지기 전에 도착해야해.

아, 참으로 아름다운 풍경이 아닙니까?

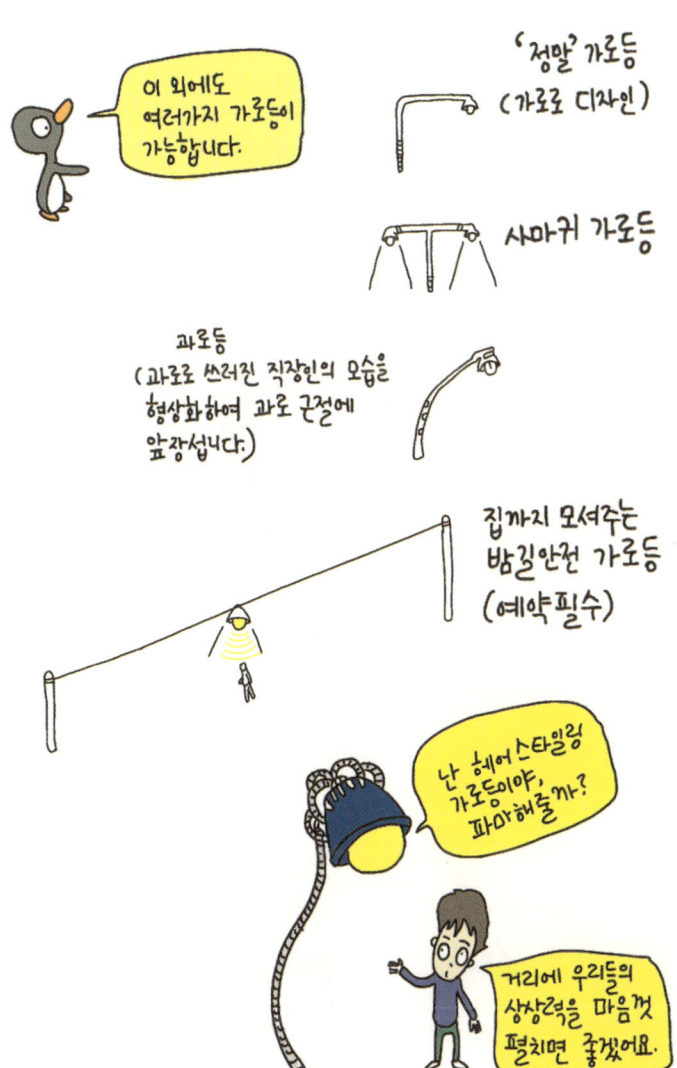

집 안 검색기

사라진 물건들은 집 안 어딘가에 모두 함께 모여있는 건 아닐까요?
집 안 어딘가에는,
사라진 물건들의 세계가 있을지도 모르겠습니다.

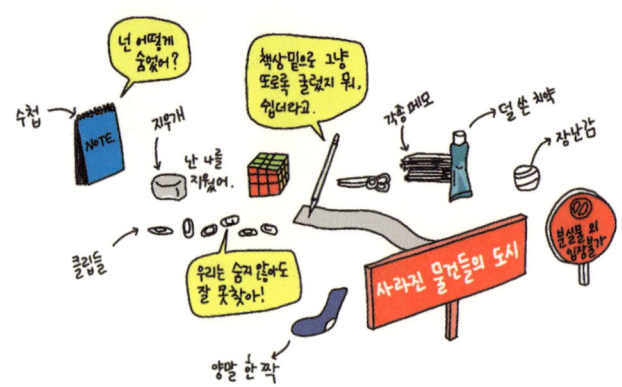

지금 제게 가장 필요한 발명품이 무엇이냐고 물으신다면,
저는 '집 안 검색기'라고 이야기하겠습니다.

① 터치펜으로 필요한 물건을 입력하면
② 안테나로 집 안을 검색한 다음
③ LCD로 위치를 알려줍니다.

집 안 검색기의 독특한 기능이 하나 더 있습니다.
무선인터넷을 이용해서 가까운 사람과 분실물리스트를
교환하고 비교해보세요.
다른 사람들은 어떤 걸 자주 잃어버리는지
한눈에 알 수 있습니다.

이분의 검색 순위 1위는 마누라입니다. 혼자서는 아무것도 못하는 바보!

이상해 님의 실시간 검색순위 M	손정우 님의 실시간 검색순위 M	유희정 님의 실시간 검색순위 W
1 아이디어 메모지	1 숙제 가방	1 파운데이션
2 물컵	2 게임기	2 지갑
3 핸드폰	3 레고	3 헤어드라이어
4 소설책	4 수영모자	4 실핀
5 외장 하드디스크	5 야구글러브	5 렌즈통

왼쪽은 39세 남자,
가운데는 10세 남자,
오른쪽은 25세 여자의
검색 순위입니다.
검색 순위만 봐도
라이프스타일을 알 수 있죠?

전국 각지에서 보내주신 인생역전 사례를 만나 보실까요?

자동차 문자게시판

셔플 프레이어

지금껏 들어본 것 중 가장 웃겼던 기도는,

레이몬드 카버의 소설에 등장한 기도였던 것 같다.

엠피스리 플레이어 광고에서 'Life is shuffle'이라는 문구를
본 적이 있는데, 꽤 인상 깊었다. 인생, 정말 어떻게 될지
모른다. 한편으론 불안하지만 또 한편으론 스릴 넘치기도 한다.

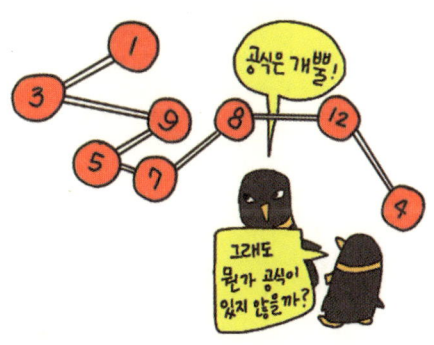

인생이 셔플이면 기도도 셔플이어야지.
기도하는 대로 모든 게 이뤄지는 건 아니니까.

셔플링이란 기회를 만들기 위해 카드를 임의의 순서대로 섞는 것입니다. 인생이 셔플이란 것은, 기회가 언제 올지 모르기 때문입니다. 모든 사람에게 똑같은 순간에 기회가 온다면 참 알아차리기 쉬울 텐데 말이죠. 스무 살, 서른 살, 마흔 살에 정확하게 기회가 찾아온다면 실패하는 삶이 줄어들지도 모르죠. 아니면 기회만 기다리다가 실패하는 사람이 더 많아질지도 모르겠네요.

친환경 프린터

아끼자고, 아끼자고 마음먹어도
쉽지 않습니다.
어떻게 하면 종이를 아낄 수 있을까요?

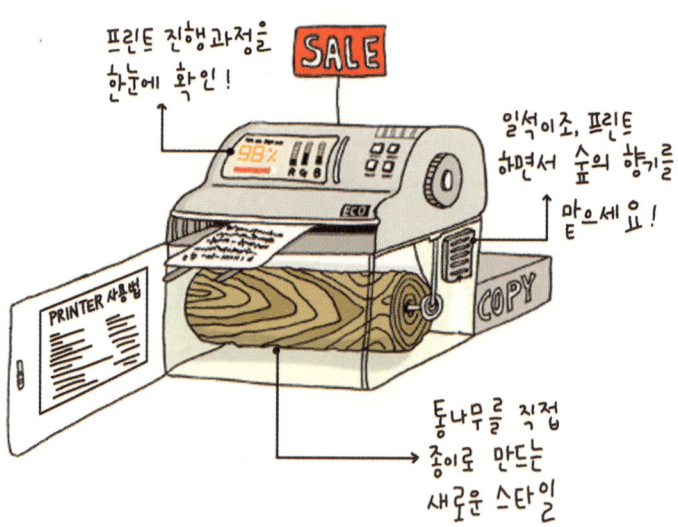

한가해서,
TV를 켰네

소설가 김중혁이
하루에 쓰는 원고량은?

내가 버라이어티 프로그램을 얼마나 좋아하는지 새삼 깨달았다. 여러 가지 일들 때문에 버라이어티 프로그램이 방송되지 않자 기분이 우울해졌다. 웃을 일이 별로 없었다. 이렇게 나쁜 일이 많을 때일수록, 나라가 비통한 기분에 빠져 있는 때일수록 버라이어티 프로그램이 장려되어야 하는 것은 아닐까 싶었다. 아무리 슬픈 일이 많아도, 좀 웃는 건, 잘못된 일이 아니지 않나.

버라이어티 프로그램을 볼 수 없어서 미국 드라마 〈빅뱅이론〉을 열심히 챙겨보았다. 웃을 수 있어서 좋았다. 최소한 5초에 한 번 정도는 빵빵 터뜨려주는 시트콤인 데다 천재들이 등장하는 드라마임에도 불구하고 캐릭터가 너무 바보 같고 사랑스러워서 한번 보기 시작하면 멈출 수가 없었다. 한 회가 20분밖에 되지 않는 짧은 시트콤이라 한 번에 서너 편 정도는 봐야 좀 봤다 싶은데, 문득 정신을 차리고 보니 시즌3까지의 모든 에피소드를 보고 말았다.

〈빅뱅이론〉을 더 볼 수 없다는 허탈한 마음에 텔레비전을 이리저리 돌리다가 공기청정기 광고에서 익숙한 이름을 발견했다. 조지 스무트. 흔한 이름이 아니었다. 어디서 많이 들어본 이름이었다. 아, 〈빅뱅이론〉의 페니가 그의 이름을 부른 적이 있다.

"그것 참 웃기는 이름이네, 스무~~~트."

조지 스무트는 미국의 물리학자로, 우주 배경 복사의 불균일성을 발견하여 우주의 기원에 대한 이해를 넓히는 데 기여한 공로로 2006년 노벨 물리학상을 수상했으며, 〈빅뱅이론〉을 너무나 사랑한 나머지 본인 역할로 직접 출연하여 시즌2 에피소드17에서 몇 마디 되지 않는 짧은 대사를 어색하게 연기하면서 공포의 발연기를 펼치기도 했다. 공기청정기 광고에서는 그나마 덜 어색한 걸 보면 〈빅뱅이론〉의 출연이 그의 연기력 향상에 큰 도움을 준 모양이다.

스무트라는 이름이 마음에 들어서 위키피디아를 뒤져봤더니 또 다른 스무트가 있었다. 조지 스무트의 사촌인 올리버 스무트였다. 올리버 스무트 역시 조지 스무트 못지않게 웃기는 걸 좋아했던 모양이다. MIT에 재학 중이던 1958년 어느 날 친구들과 하버드 다리를 건너가다가 전체 길이가 궁금했던 올리버 스무트는, 자신의 키를 이용해서 다리의 길이를 재기로 했다. 누웠다가 일어나고 다시 누웠다가 일어나기를 반복해서 결국 다리 길이를 쟀고, 스무트라는 이름은 이후 하나의 단위가 됐다. 올리버 스무트의 키는 170센티미터였고(1스무트는 170센티미터), 친구들과 함께 잰 다리의 길이는 364.4 스무트(오차 범위는 1ear, 그러니까 귀 하나)였다. 위키피디아에는 스무트가 포함된 '웃기는 측량 단위'를 하나의 항목으로 만들어놓기도 했는데, 더글러스 애덤스와 존 로이드가 만들어낸 셰피Sheppey를 비롯해 별 희한한 단위를 모두 소개하고 있었다.

사람들을 하나의 단위로 쓸 수 있다는 생각을 하고 나자 주위가 달라 보였다. 저 사람은 어떤 단위로 쓸 수 있을까. 잘 걷지 않는 사람이 있다면 그 사람의 이름(홍길동이라고 치자)을 단위로 쓰고, 이런 말을 할 수 있을 것이다.

"야, 나 오늘 밖에 나갔다가 38길동이나 걸었잖아. 죽는 줄 알았지 뭐야."

가장 적게 먹는 사람도 하나의 단위가 될 수 있겠고, 말을 가장 적게 하는 사람도 하나의 단위가 될 수 있을 것이다. 올리버 스무트가 하나의 단위가 될 수 있었던 것은 친구들 중에서 가장 키가 작았기 때문이다. 가장 작은 것을 기준으로 삼아야 오차가 줄어들 것이다.

내가 만약 하나의 단위가 될 수 있다면 어떤 게 좋을까. 소설가인 주제에 소설은 잘 쓰지 않고 다른 일에만 열중하는 나에게 딱 어울리는 게 있다. 1중혁은 소설가 김중혁이 하루에 쓰는 원고의 양으로 대략 원고지 0.5매다. 보통 이렇게 쓰인다.

"오늘 글 많이 썼어?"

"요새 슬럼프야. 오늘 8중혁밖에 쓰지 못했어."

"뭐? 8중혁밖에 못 써서야 어떻게 생계를 유지하려는 거야?"

"그러게 말야. 나 많이 쓸 때는 20중혁까지 쓴 적도 있는데, 요즘엔 통 풀리질 않아."

스무트와는 달리 이런 식으로 내 이름이 쓰인다면 기분이 그렇게 좋을 것 같지는 않다. 슬럼프에 빠진 모든 작가들이 한숨을 쉬며 내 이름을 부르는 게 기분 좋을 리 없다.

올리버 스무트가 다리의 길이를 재기 위해 바닥에 했던 낙서들은 아직도 남아 있다. 보스턴 시는 다리 위의 모든 스무트 표시를 보존했고, MIT에서는 2008년 10월 올리버 스무트를 초청하여 스무트 50주년 기념식을 열기도 했다.

〈빅뱅이론〉의 셸던 쿠퍼는 시트콤 속에서 조지 스무트에게 이렇게 말한다.

"우리가 쿠퍼-스무트로 팀을 이룬다면, 당신은 다시 정상에 설 수 있을 거예요."

조지 스무트가 콧방귀도 뀌지 않자 셸던은 이렇게 제안한다.

"좋아요, 그럼 스무트-쿠퍼로 해요."

호랑이는 죽어서 가죽을 남기(는 걸 본 적은 없)고, 사람은 죽어서 이름을 남긴다. 결국, 남는 건 이름이다. 슬픈 이름으로 남을 수도 있고, 즐거운 이름으로 남을 수도 있다. 어떻게 사느냐가 결국 그걸 결정할 것이다. 나는 농담 같은 이름으로 남고 싶다. 아무리 슬픈 일이 많아도, 좀, 웃고 싶다. 오늘은 평소의 소설가 김중혁답지 않게 24중혁이나 썼다.●

●
요즘 변했다는 소리를 자주 듣는다. 글도 많이 쓰고 책도 많이 펴서 내가 변했다고 생각하는 모양이다. 흠, 사람은 그렇게 쉽게 변하지 않는다. 하긴 2년 동안 세 권의 책을 냈으니 그런 소리 들을 법도 하다. 이제 '중혁'이란 단위는 포기해야겠지. 아쉽다.

돈과 성공을
포기하고?

 기억력 좋은 사람이 부럽다. 20년도 더 지난 어린 시절 이야기를 하면서 사소한 대화나 세세한 풍경을 정확하게 기억해내는 사람들을 보면 부럽기 짝이 없다. 그런 걸 다 기억할 수 있다면 지금쯤 소설책 열 권에다 산문집 서너 권 정도는 거뜬하게 펴낼 수 있지 않았을까 핑계를 대곤 하는데, 그래도 기억력이 형편없는 탓에 이 정도로 좋은 성격을 유지할 수 있다는 장점도 있으니(저, 기억나는 게 없으니 뒤끝도 없어요!) 아쉬울 건 없다.

 희미하게나마 기억나는 장면이 몇 개는 있다. 장난을 치다가 다리에서 떨어지던 순간도 잠깐 기억나고(거의 죽다 살았다), 자전거 사고로 다리를 크게 다쳐서 병원으로 실려갔을 때 나를 치료하는 의사에게 욕을 퍼부으며 "내 다리 내놔"라고 소리를 지르던 장면도(이거 원, 전설의 고향도 아니고) 기억난다.

 그중에서 가장 선명하게 기억나는 것은 중학생 무렵 분식집에서의 한 장면이다. 그곳은 식탁이 다섯 개 정도 되는 작은 분식집이었고, 입구는 1층에 있지만 들어가 보면 바깥 풍경이 잘 보이지 않고 햇빛도 잘 들지 않는 반지하의 우울한 분식집이었다. 나는 혼자 앉아서 쫄면을 먹고 있었다. 질깃한 쫄면을, 당시만 해도 튼튼했던(아, 치과 가야 하는데) 이로 끊으면서 계란을 언제 먹어야 할지 고민하는 동시에 텔레비전에서 방송되던 쇼 프로그램을 보고 있었다.

'젊음'이 들어가는 프로그램이었던 것 같기도 하고, '영young'이 들어가는 프로그램이었던 것 같기도 한(이놈의 기억력!) 쇼를 보다가 한순간 입을 다물지 못했다. 철제 프레임을 높은 곳에다 설치하고 그 속에 텔레비전을 넣어두어서 화면을 보려면 고개를 빳빳하게 쳐들어야 했다. 나는 고개가 아픈 줄도 몰랐다. 눈을 뗄 수 없었다. 텔레비전에서는 시나위라는 밴드가 연주를 하고 있었다. 작은 텔레비전이었고 소리는 엉망이었지만, 나는 그들의 에너지를 느낄 수 있었다. 그들의 음악은 텔레비전의 모노스피커를 통해 밖으로 뛰쳐나와 철제 프레임을 뒤흔들고 내 가슴을 두드렸다. 나는 입을 벌린 채 쫄면을 끊지 못하고, 그들의 공연을 지켜보았다. 나는 그때부터 록의 신봉자가 됐다. 김천이라는 작은 도시에서 태어나 제대로 된 음악을 들어보지 못했던 내게 시나위는 새로운 세계를 보여주었다. 시나위, 들국화, 부활, 백두산을 들으면서 중학교와 고등학교 시절을 보냈다. 록이 없었다면 내 학창 시절은 말도 못하게 심심했을 것이다.

기타를 산 게 언제쯤인지는 정확하게 기억나지 않는다. 중학교 때였는지 고등학교 때였는지 모르겠다. 부모님을 졸라서 기타를 샀다. 당연히 싸구려 기타였고, 어쩔 수 없이 어쿠스틱 기타였다. 나는 신대철과 김도균과 김태원처럼 기타를 치고 싶었다. 그들은 김천이라는 작은 도시에 사는 무명의 기타리스트 지망생에게는 전설이었고, 기적이었다. 나는 손가락 끝이 돌덩이가 될 정도로 연습에 연습을 거듭해서 김천에서만큼은 알아주는 기타리스트가 되고 싶었지만, 전기 기타가 아닌 어쿠스틱 기타로 연습을 해서 그런 것인지, 아니면 독학을 해서 그런 것인지, 결국 재능이 없어서 그런 것인지, 지금처럼 그때도 핑계 대는 실력만 좋았던 탓인지, 기타 실력은 좀체 늘지 않았다. "너의 침묵에 메마른 나의 입술"만 메마른 입술이 부르트도록 불러대는 바람에 친구들로부터 침묵을 강요당해야 했으며, 결국 기타리스트의 꿈은 포기하고 말았다.

기타를 잘 치고 싶은 마음은 여전하다. 재능이 없지만, 가끔 기타 연습을 한다. 좋아하는 노래를 골라서 악보를 보면서 연습을 한다. 내가 듣고 있기에도 민망할 정도로 한심한 실력이지만 기타를 치면서 노래를 부르는 시간은 즐겁다. 여섯 개의 줄을 울려서 소리를 만들고, 그 소리들이 모여서 노래가 되는 걸 듣는 것만으로도 즐겁다. 소리가 나서 음악이 되는 게 신기할 때가 많다.

얼마 전 〈놀러와〉에 출연한 그룹 백두산과 부활을 보고 마음이 짠했다. 나의 전설들은 근근이 살아가고 있었다. 모텔을 운영하며 카운터에 앉아서 기타를 연습하는 베이시스트와 각종 아르바이트

로 돈을 벌며 음악 활동을 하는 드러머 얘기를 듣고 있자니 세월의 무상함이 느껴졌다. 하긴, 요즘 누가 헤비메탈 음악을 듣나. 불러주는 데가 없을 것이다.

 그래도 그들은 포기하지 않았다. 좋아하는 일을 하기 위해서, 다른 무엇을 포기하고 있었다. 시간을 포기하고, 돈을 포기하고, 또 다른 어떤 것을 포기한 다음, 자신들이 좋아하는 일을 하고 있었다. 결국 인생은 어떤 것을 포기하는가의 문제다. 선택은 겉으로 드러나지만 포기는 잘 보이지 않는다. 돈을 많이 벌기로 선택하고, 결국 돈을 많이 벌게 된 사람이 어떤 걸 포기했는지는 아무도 모른다. 얼마나 기분 좋게 포기할 수 있는가에 따라 인생이 즐거울 수도 있고 괴로울 수도 있을 것이다. 나는 돈과 성공과 권력을 포기하고 (글쎄, 포기하지 않았어도 거머쥐긴 힘들었겠지만) 시간을 선택했다. 바쁘게 사는 대신 한가한 삶을 선택했다. 즐겁게 포기할 수 있었다. 남는 시간에 기타도 칠 수 있으니 부러울 게 없다.

6백만 불의 '귀' 사나이

 소리에 점점 예민해진다. 시간이 지날수록 청력이 약해지는 게 정상일 텐데, 내 귀는 날이 갈수록 6백만 불의 사나이가 되어간다. 듣고 싶지 않아도 다 들린다. 카페에 앉아 있거나 버스에 앉아 있으면 모든 소리가 나를 향해 날아든다. 뚜, 뚜, 뚜, 뚜, 우리 옆집 개똥이는, 뚜, 뚜, 아파트 값이 이번 달에는, 뚜, 뚜, 야, 씨바 좆나 밥맛 아니냐, 뚜, 뚜, 응 오빠 나 이번 달에 옷 하나, 뚜, 뚜, 띠링 띠링 토요일 밤에 바로 그 밤에, 내 귀가 고생이 많다. 피곤해진 귀를 데리고 집으로 들어오면 아랫집에서는 피아노를 쳐대고 있고, 윗집 아이들은 쿵쾅거린다. 아랫집 아이는 실력이 늘지 않아서 같은 곡을 계속 반복하고(제가 어떻게, 피아노 레슨비라도 대드릴깝쇼?) 윗집 아이들은 지나치게 명랑하다.(제가 어떻게, 얼차려라도 한번 시켜드릴깝쇼?) 집에 있기 힘들어 영화라도 한 편 볼까 극장에 가면, 앞자리 아저씨는 대놓고 통화를 하시고(아유 통화하기 시끄러우시죠? 영화관 음향을 음소거 해드려야 하는 건데), 뒷자리 연인은 영화배우에 관한 토론을 하시고, 애들은 울고, 팝콘은 겁나게 씹어대고, 음료는 빨대로 쭉쭉 빨아먹고, 다 먹었는데 왜 자꾸만 빨아서 바람 소리만 내고. 힘들게 영화를 다 보고 나면 갑자기 직원이 튀어나와서는 "통로는 앞쪽입니다" 하고 소리를 지르는 통에 영화의 여운이 싹 날아가고, 피곤해진 귀를 데리고 다시 집으로 들어오면, 아, 도대체 피아노는 몇 시까지 칠 예정이며, 아이들은 언제 재울 생각들인가.

내가 지나치게 예민한 탓도 있겠지만 예전에 비해 세상의 데시벨이 조금 높아진 것 같기도 하다. 상대방 목소리가 높으니 내 목소리도 커지고, 바깥이 시끄러우니 내 이어폰의 음악 소리도 키울 수밖에 없고, 그렇게 자꾸만 세상의 데시벨이 높아진다. 이러다가는 나처럼 목소리가 작은 사람들은 갈수록 도태되어 결국 장애인 취급을 받는 게 아닐까 걱정이 앞선다. 보청기를 착용하듯 내 목에다 작은 마이크를 끼워야만 상대방과 대화할 수 있는 날이 올는지도 모르겠다.

(라디오 전성기 때 우리의 마음을 사로잡았던) 황인용 씨가 운영하는 파주 헤이리의 '카메라타'는 그런 의미에서 내게 피난처 같은 공간이다. 소리로부터 도망치고 싶을 때, 혹은 아예 소리에 파묻히고 싶을 때 카메라타를 찾게 된다. 카메라타의 문을 열고 실내에 들어서면 한쪽 벽이 거대한 스피커로 채워져 있는데, 보는 것만으로도 압도적이어서 여기에선 떠들면 안 되겠구나, 떠들어봤자 소리에 파묻히고 말겠구나 싶은 생각이 절로 든다. 그런 생각만으로 마

음이 편안하다. 게다가 클래식만 틀기 때문에 음악에서 사람의 목소리를 들을 걱정도 없다.

카메라타에서 얻을 수 있는 또 다른 즐거움은 작은 음악회다. 커다란 공연장에서 멀찍이 강 건너 불구경하듯 보는 공연과는 사뭇 다른 '가까운 감동'이 있다. 연주자와 관객 사이의 거리가 1미터도 안 되기 때문에, 숨소리까지 들을 수 있기 때문에, 공연을 보다 보면 이 모든 것들이 음악의 요소이구나 싶기도 하다.

얼마 전에 보았던 마테존 앙상블의 공연도 그랬다. 마테존 앙상블은 리코더 주자 권민석 씨가 주축이 되어 바로크 시대의 잘 알려지지 않은 레퍼토리를 연주하는 팀인데, 리코더와 류트가 어우러진 이날의 연주는 감동적이었다. 특히 헨리 퍼셀의 〈Birds Prelude from Fairy Queen〉을 연주할 때 그랬다. 류트 독주인 것처럼 연주를 시작하더니 어느 순간 갑자기 공연장 뒤쪽에서 리코더 소리가 들렸다. 리코더 소리는 그야말로 새소리 같았고, 관객들은 숲 속에 들어간 듯했다. 작은 공연장이 아니라면 불가능한 연주였다. 리코더 소리를 들으니 눈물이 핑, 돌았다. 작은 관을 통해 들려오는 텅 빈 소리가 내 마음을 흔들었다. 나는 새삼 깨달았다. 소리는 아름답다. 세상에는 아름다운 소리와 아름답지 않은 소리가 있는 게 아니다. 모든 소리는 아름답다. 문제는 소리에 있는 게 아니었다. 언제 그 소리를 내는가, 언제 그 소리를 듣는가, 어떤 마음으로 듣는가, 어떤 크기로 듣는가, 그게 문제였다. 결국 인간이 문제였다.

안 사람,
바깥 사람

　명절 때 고향에 내려가지 않은 건 딱 한 번뿐이다. 몇 년 전 설이었다. 눈이 많이 내린 데다 여러 가지 일이 겹치는 바람에 끝내 출발하지 못했다. 몸은 편했지만 마음이 불편했다. 야간 자율학습 빼먹고 농땡이 치는 심정과 비슷했다. 거리는 한산했고, 사람은 드물었다. 여기저기를 빈둥거리다 마땅히 할 일도 없고 해서 극장에 갔다가 그렇게 많은 사람들이 서울에 남아 있다는 사실에 놀랐다. 이 사람들은 대체 뭐하는 사람들인가. 내가 명절 때마다 꼬박꼬박 교통대란에 시달리며 거북이처럼 고향으로 기어가는 순간에 이 사람들은 이렇게 웃고 즐기며 영화를 보고 있었구나 생각하니 화가 났다. 그 후 고향으로 내려가는 고속도로 위에서 극장의 사람들을 생각하곤 했다. 좋겠다, 싶었다. 그러다가도 정말 좋을까, 싶기도 했다.
　서울은 천만 개가 넘는 사람들의 조각으로 이뤄진 직소퍼즐이란 사실을 자주 잊는다. 모양도 색도 다른 수많은 조각들이 서로 어깨를 맞대고 빈틈없이 꽉 맞물린 채 살아가고 있다. 그 사실을 자주 잊는다. 시내 곳곳에서 만난 사람들이 다 서울 사람들이려니 생각하고 지낸다. 그렇기도 하고, 아니기도 하다. 명절 때 서울에 남아 있어보니 그걸 알겠더라. 서울서 태어나 자란 사람도 많겠지만 대부분 떠나온 곳이 있는 사람들이다. 모두 다른 곳에서 출발해 여기 숨 쉴 틈 없는 서울에서 꽉 맞물린 채 살아가고 있다는 생각을 하면, 가끔 마음이 짠해진다.

명절의 극장에서 만난 사람들 중에는 어딘가 갈 필요가 없는 서울 사람들도 많겠지만, 어딘가 가고 싶어도 갈 곳이 없는 사람들도 많다. 떠나온 곳이 없어진 사람도 있고, 떠나온 곳은 있지만 갈 수 없는 사람도 있다. 온전히 혼자서 명절을 보내야 하는 사람도 있다. 내가 명절 때마다 꼬박꼬박 동네 친구들과 술을 마시고 오랜만에 만난 친지들과 이야기를 나누고 있을 때 그 사람들은 혼자서 영화 같은 걸 보거나 텅 빈 거리를 걷고 있겠구나 생각하면 마음이 쓸쓸해진다. 나는 지방에서 올라가 서울에 정착한 '바깥 사람'인데 명절 때 서울에 남아 있는 사람들이 오히려 더 '바깥 사람' 같다. 서울의 겉모습은 참으로 평등해 보이지만 안과 바깥의 구분이 이렇게 뚜렷한 곳도 없다.

매일 저녁 빠지기 직전의 배꼽을 붙잡고 열심히 보았던 〈지붕 뚫고 하이킥〉에 서울의 진짜 모습이 있다. 〈지붕 뚫고 하이킥〉에는 바깥 사람이 참 많이 등장한다. 강원도에서 아빠와 헤어진 후 서울의 부잣집에서 식모로 살아가고 있는 세경과 신애 자매, 예순의 나이에 혼자 살고 있는 학교 교감 자옥, 먼 이국땅에서 원어민 교사로 살아가고 있는 줄리엔 강, 서울에 편입되기 위해 무던히 애를 쓰고 있는 인나와 광수 등 온통 바깥 사람뿐이다. 〈지붕 뚫고 하이킥〉의 바깥 사람들은 이번 명절에 무얼 할까. 동네의 골목을 서성이거나 열심히 집안일을 해야 할 것이다.

이제는 명절의 풍경도 달라질 때가 된 게 아닌가 싶다. 가족들끼리의 폐쇄적인 명절을 고집하는 대신 혼자 지낼 게 분명한 주변의 바깥 사람을 집으로 초대하면 어떨까. 초대와 환대의 명절로 바꾸면 어떨까. 세경과 신애 자매, 줄리엔 강, 자옥 씨를 집으로 초대하면 어떨까. 늘 하던 이야기 말고 새로운 이야기를 하게 될 게 분명하다. 삼촌의 승진과 조카의 교육 문제와 딸의 결혼 문제 말고 새로운 이야기가 펼쳐질 것이다. 처음엔 어색하겠지만 훨씬 즐거운 이야기가 많아질 것이다.

앞으로 30년쯤 지나면 우리에겐 돌아갈 고향이 없어질지도 모른다. 우리는 고향이라는 단어의 뜻을, 그리고 가족이라는 단어의 뜻을, 좀 더 확장할 필요가 있다.

꾸질꾸질
빵꾸똥꾸

 살다 보면 적을 만들게 된다. 만들고 싶어서 만드는 게 아니다. 어쩔 수 없이 생긴다. 내가 잘못해서 적이 생기는 경우도 있지만 적이 잘못해서 나의 적이 되는 경우도 있다. 내가 잘못해서 생긴 적이야 깊이 반성하고 잘해주어 다시 친구로 만들면 되지만, 적이 잘못해서 생긴 나의 적은 어찌해볼 도리가 없다. 어느 정도의 '적의'가 뿌리 깊게 자리하고 있는지 알 수 없고, 도대체 왜 나의 적이 된 것인지 물어보기 어려우므로 추측할 수밖에 없다. '아, 저 친구는 어쩌다가 나를 미워하게 됐을까?'라는 고민을 잠깐 하다가 (귀찮은 나머지) 결국 '쌩 까게' 된다. '쌩 까!'면서도 마음 한구석이 불편하다. 적을 만드는 것은 마음 편한 일이 아니다. 몇백 년 살 거라고 이 짧은 생에 적을 만드나 싶다. 에이, 적을 만들고 화내면 뭐해요. 좋은 게 좋은 거잖아요. 안 그래요?

 안 그렇다. 해리는 안 그렇다.* 해리의 세계는 단순하고 엄정하다. 친구, 아니면 '빵꾸똥꾸'다. 모, 아니면 도다. 어른들에는 세 종류의 사람이 있다. 친한 사람, 잘 모르는 사람, 피하는 사람. 친할 수 없다면 잘 몰라야 한다. 잘 모르기 힘들다면 피해야 한다. 친구도 믿지 못하는 판에 적을 만드는 것은 피곤한 일이다. 적당히 친절하게, 비교적 상냥하게, 모쪼록 뒤끝 없게 살아가는 게 좋다. 그게 편한 길이다. 해리는 편한 길로 가지 않는다. 고난의 길을 자청한다. 나의 '아몬드'를 더럽다 여기는 자들은 지위고하를 막론하고 무조건적으로 간주하며, 나와 '갈비' 사이를 가로막는 자에게는 저주를 퍼부으며, 나의 인형들을 건드리는 자는 용서하지 않는다. 모든 게 내 거다. 다 내 거다.

나는 해리의 세계가 진심으로 부럽다. 솔직하고 명료하고 이기적이고 동정 없는, 그 단순한 이분법의 세계가 부럽다. 누구나 해리처럼 살고 싶어하지 않나? 내가 좋아하는 것만 먹고(나 아몬드 좋아해. 아몬드도 다 내 거야!), 내가 좋아하는 사람만 만나고(약속이 너무 없어지려나?), "하하, 이런 꾸질꾸질한 것들!"이라며 세상을 조롱하고 싶지 않나? 마음속의 도덕을 버리고, 상대방을 위한 배려 따위 버리고 살아보고 싶지 않나? 안 되겠지. 그러면 안 되겠지. 안 다. 나도 아는데, 왜 이렇게 해리가 부러운 걸까. 아, 해리의 목소리

●
해리의 엄정한 세계의 매력에 빠져 허우적대던 게 얼마 되지 않은 것 같은데, 벌써 새로운 하이킥이 시작되려 하고 있다. 가슴 두근거리며 하이킥을 기다리고 있다.

가 들려온다.

"하하하하, 이 꾸질꾸질 빵꾸똥꾸 김중혁, 넌 절대 나처럼 못 살아. 하하하하."

올해의 목표는 정해졌다. 해리처럼 나 자신을 사랑하기. 조금 건방지더라도 자신감을 잃지 말기. 새로운 것에 도전하는 것을 두려워하지 말기. 나 자신을 잘생겼다고 생각하기.(으응, 이건 아닌가?) 하지만 해리처럼 완벽한 사람이 되긴 쉽지 않다. 해리는 (동화 읽다 울 정도로) 문학을 사랑하며, (어린 나이에 홍어의 깊은 맛을 깨달을 정도로) 미식가인 데다 ("꼭 해보고 싶, 습니다"라는 말을 입에 달고 살 정도로) 도전 정신이 몸에 뱄으며, (오빠에게 생일 카드를 주면서도 "쳇, 숙제라서 만든 거니까 보고 나서 꼭 돌려줘"라는 '쿨'한 멘트를 날릴 정도로) 감상적인 걸 싫어한다. 가끔 기초적인 상식을 모르기도 하지만 (그러고 보면 독사 몸속에 독이 있는 게 신기하기도 해. 그치?) 그런 것 좀 모르면 어떤가. 사는 데 지장 없다. 이렇게 완벽한 인간을 닮아갈 수 있을까. 올해 목표는 참으로 높고도 멀다.

내 앞에 있는 저 사람이
아군인지 적군인지 알려주는 기계가 있다면
얼마나 좋을까 생각했다.
하지만 그건 내가 시간을 들이고 마음을 쏟아야
알 수 있는 일.

평행봉이 아니라 시소

 카페에서 김연아 선수의 경기를 보았다. 친구와 점심을 먹고 카페에 들렀더니 수십 명이 모여 앉아 2010 밴쿠버 동계올림픽 김연아의 피겨스케이팅 연기를 기다리고 있었다. 경기도 경기지만 사람들을 보는 게 재미있었다. 반응이 다양했다. 김연아 경기를 지켜보는 마음에서도 각자의 성격이 드러났다. 너무 떨려서 도저히 보지 못하겠다는 사람도 있었고, 아무 말도 하지 않은 채 몸을 크게 흔들며 경기 내내 김연아와 스케이트를 함께 탄 사람도 있었고(거참, 스파이럴 시퀀스 연기를 할 때는 연아와 함께 팔을 벌리더라), 큰 소리로 파이팅을 외치거나 박수를 치면서 응원하는 사람도 있었고, 손톱을 깨물며 초조하게 바라보는 사람도 있었다. 사람들이 기대를 너무 많이 하잖아, 부담스러워서 넘어지고 말 거야, 하며 체념한 듯한 표정으로 시큰둥하게 앉아 있는 사람도 있었다. 각자의 스타일대로 김연아를 응원하고 있었다.
 김연아가 완벽한 연기로 금메달을 따고 나자 모두 표정이 밝아졌다. 나는 김연아가 금메달을 땄다는 사실보다도 어쩌면 그렇게 태연자약하게 연기를 펼칠 수 있는지가 궁금했다. 주위의 기대와 걱정과 우려와 맹신을 가뿐히 뛰어넘고, 저렇게 무덤덤하게 연기를 펼칠 수 있는 심장을 가진 게 신기했다. 뭐야, 김연아의 심장은 쇠로 만들어진 건가? 어지간한 승부 근성을 가지고는 저런 연기를 펼칠 수 없을 것이다.

세상에는 두 종류의 사람이 있다. 승부 근성이 있는 사람과 승부 근성이 없는 사람. 나로 말할 것 같으면 승부 근성이 없어도 심하게 없는 사람이다. 어떤 일에서건 온 힘을 다해 승부를 벌여본 것이 몇 년 전이냐 하면, 에, 그러니까……, 그게, 살다가 그런 순간이 있긴 있었나 싶을 정도로 기억나지 않는다. 학교 다닐 때 악착같이 공부를 해서 1등을 해보겠다는 생각을 해본 적도 없고(1등 하면 뭐 하냐, 떨어질 때 괴롭기만 하지!) 내 분야에서 세계 최고가 되고야 말겠다는 생각을 해본 적도 없으며(글쓰기라는 분야가 숫자와 그래프로 능력을 가늠할 수 없다는 게 그나마 다행!) 스포츠 경기를 할 때도 져도 그만, 이겨도 그만이라고 생각하는 편이(어서 나한테 지면 더 열 받는 것 같긴 하)다. 승부라는 건 잔인하다고 생각했다. 웃는 사람이 있으면 우는 사람이 있어야 하고, 해피엔딩을 맞는 사람이 있으면 반대쪽에서는 피눈물 나는 결과를 받아들여야 하는 누군가가 있다는 사실이 견디기 힘들었다.

승부란 평행봉의 세계가 아니라 시소의 세계다. 아주 작은 실수가 패배의 원인이 되고, 아주 작은 행운이 승리의 원동력이 되는 게, 인간에게는 너무 잔인한 일이 아닌가 생각했다.

온갖 스포츠 경기를 멍하게 바라보는 게 나의 취미라면 취미인데, 그중에서도 최고의 멍한 순간을 선사하는 종목은 농구와 축구와 테니스와 마라톤이다. 어째서 농구와 축구와 테니스와 마라톤인지는 설명하기 힘들다. 그 경기들을 보고 있으면 내 머릿속 비밀 기지에 있는 생각의 스위치가 툭, 하고 꺼져버린다. 선수들의 표정과 근육을 보고 있는 것만으로도 기분이 좋아진다. 승부 근성이 심하게 부족한 사람답게 어느 한쪽을 응원하는 게 아니라 대체로 모든 선수를 응원하면서 볼 때가 많은데, 경기가 끝날 때쯤이면 혼자만의 평가를 내리곤 한다. 역시 이기는 팀은 이길 만한 이유가 있고, 지는 선수에게는 질 만한 이유가 있다. 그런데 이기는 게 꼭 이기는 게 아니고, 지는 게 반드시 지는 것은 아니다. 오랫동안 같은 스포츠 종목을 시청하다 보면 그걸 깨닫게 된다. 어처구니없는 실력 차로 패했던 선수가 일취월장해서 자신에게 패배를 안겨줬던 상대방에게 승리를 빼앗는 순간을 보고 있으면, 인생은 역시 오래 살고 볼 일이라는 생각이 든다. 이기기 위해 얼마나 많은 노력을 했을까. 패배의 흔적을 몸에서 지우기 위해 얼마나 많은 승리를 꿈꾸었을까.

승패는 언제나 엇갈린다. 모든 스포츠 선수들은 이기기 위해서 싸우지만 결국 이기느냐 지느냐는 별로 중요하지 않다. 기나긴 승

부 속에서 승리와 패배를 어떻게 받아들이는가가 중요하다. 승리의 기쁨에 심하게 도취하지 않고 패배의 수렁에 너무 깊이 빠져들지 않는 방법이 무엇인가를 깨닫는 순간, 진정한 승부 근성을 발휘할 수 있을 것이다.

MBC 프로그램 〈무한도전〉이 〈무모한 도전〉이었을 때, 그 이름과 방송이 참 좋았다. 그 프로그램에서 진정한 승부 근성을 본 것 같았다. 새로운 스포츠 종목에 도전하는 지금의 〈무한도전〉도 좋지만, 한 달에 한 번쯤은 예전의 〈무모한 도전〉을 되살려보면 어떨까 싶을 정도로 그때의 방송이 자주 생각난다. 전철과 100미터 달리기를 하고 황소와 줄다리기를 하고 연탄을 옮겨 쌓던, 그야말로 무모했던 도전이 자주 생각난다.

〈무모한 도전〉의 도전처럼 승부 근성을 발휘해보고 싶다. 아예 승리의 목표를 무모하게 잡는 것이다. 불가능하다 싶을 정도로 높게 잡는 것이다. 성공하면 좋은 거고, 실패하면 할 수 없는 거다. 그러면 승부 근성을 발휘하면서도 세상 살기가 참 편할 것 같다. 세계 신기록을 세우며 올림픽 금메달을 거머쥔 김연아 선수도 앞으로 고민이 많을 텐데 나의 승부 근성을 본받아 228.56점에 만족하지 말고 만점에 도전해보는 것은 어떨까 싶다.

끝나지 않는 놀이

나는 가끔 군대 시절이 그립다. 이렇게 말하면 "네가 제대로 된 고생을 못해봐서 그래"라고 얘기하는 사람이 많지만 나도 고생, 할 만큼 했고 맞아도 봤고(우리 때는 자주 때렸다) 연병장도 수없이 돌았지만(그렇다면 나는 문제 사병?) 그래도 그리울 때가 있다. 다시 가라면, 그래도 다시 가지는 못하겠지만, 까짓 거 못 갈 건 또 뭔가 싶은 마음이 들 정도로 재미있는 시절이었다.

무엇보다 다 큰 청년들이 모여 사는 게 재미있었다. 다 큰 청년들이 옹기종기 모여 앉아 빨래를 하고(세탁기가 없었으니 손빨래) 내무반에 앉아 바느질을 하고(군복은 왜 이리 두꺼운가!) 어머니에게 편지를 쓰다가 눈물을 찔끔 흘리는 장면이 매일 벌어지니, 관점을 조금만 바꿔서 상황을 관찰하면 이보다 더 재미난 시트콤이 없다. 그래도 남자들인지라 주말이 되어 축구 경기나 농구 경기가 시작되면 평소 눈물을 질질 짜던 모습은 온데간데없이 사라지고 돌연 2PM 부럽지 않은 사나운 들짐승들로 변신하는데, 이 모습 역시 멀리서 지켜보면 우습기 짝이 없다. 가까이서 보면 짐승 아이돌과 유사한 모습이지만 한발 떨어져서 보면 영락없는 초등학생들이다. 공 하나만 던져주면 온 힘을 다해 싸우고, 지면 땅을 치며 억울해하고, 끝내 이겨야 하고, 이기고 나면 세상을 얻은 듯이 기뻐한다. 일요일 오후 촌스러운 체육복을 입고 공을 쫓아다니던 모습이 그립기만 하다.

〈천하무적 야구단〉은 한동안 즐겨 본 버라이어티 프로그램인데, 그 첫 회를 보자마자 군대 시절이 떠올랐다. 다 큰 청년들이 아이처럼 웃고 우는 모습을 보고 있자니 마음이 짠했고, 나는 또 언제 저렇게 신나게 놀아보나, 부러웠다. 여자들을 지탱해주는 힘이 수다라면, 남자를 지탱해주는 힘은 놀이인 것 같다. 남자들이 쉽게 도박에 빠지는 것도, 승부욕 때문에 인생을 그르치는 것도, 군대에서 축구했던 얘기를 백만 번 하는 것도, 모두 그들이 (그리고 나도) 놀이중독자들이기 때문이다. 남자아이들에게 잘 노는 법을 가르치는 것이야말로 진정한 남자로 만드는 지름길이며 놀이로 패가망신하지 않게 만드는 예방책이다. 그런 점에서 요즘 남자아이들은 너무 노는 법을 모르는 게 아닌가 싶다. PC방에서 죽치고 앉아 있는 건, 컴퓨터 게임장에서 노는 건, 노는 게 아니다.

어린 시절을 떠올려보면 공 하나로도 참 잘 놀았다. 진정한 재미란 결핍에서 비롯되는 것이 아닌가 싶을 정도다. 테니스공이 하나 생기면 테니스는 치지 않고(거참, 라켓이 있어야 치지) 각종 놀이를 만들어냈다. 사람이 좀 많다 싶으면 주먹야구(야구방망이 대신 주먹으로 공을 친다), 사람이 좀 적다 싶으면 헤딩야구(야구방망이 대신 머리로 공을 치니까 멀리 나가지 않는다), 손이나 머리가 피곤하다 싶으면 발야구(테니스공을 제대로 차기가 쉽지 않다), 골목이 많으면 골목축구(그 많은 골목은 다 어디 갔나), 마음에 안 드는 친구가 많다 싶으면 피구(테니스공에 맞으면 무지 아프다) 등등 테니스공 하나로 할 수 있는 걸 계속 만들어냈다.

가장 재밌는 게임은 탁구공으로 하던 야구였는데 〈천하무적 야구단〉에서 이 게임을 하는 걸 보고 옛 기억에 몸이 근질거렸다. 투수는 손가락으로 탁구공을 회전시켜 던지고 타자는 30센티미터 자로 공을 치는 것인데, 탁구공의 변화무쌍한 회전을 보고 나면 메이저리그 투수들의 공이 밋밋하게 느껴질 정도다. 쉬는 시간이 되면 나와 친구들은 1분이라도 더 놀기 위해서 탁구공과 자를 들고 교실 뒤편 공터로 뛰어갔다. 40분 수업에 10분 휴식이 아니고, 10분 경기에 40분 휴식이었다. 1교시 쉬는 시간에 펼쳐진 경기는 2교시 쉬는 시간으로 이어졌고, 점심시간이 되면 계속 탁구공 야구를 했다. 우리는 그렇게 잘 놀고 이렇게 건강한 어른이 되었다.

끼리끼리 vs. 커뮤니티

새해가 되니 마음이 분주하다. 도대체 어떤 몰지각한 인간이 1년이라는 시간을 만들어서 사람을 이렇게 힘들게 만드나. 12월과 1월에는 아무런 차이가 없지만, 마음은 참으로 간사해서 12월만 되면 모든 걸 정리하고 싶고 1월에는 새롭게 시작하고 싶다. 내 마음 나도 어쩔 수가 없다. 모두들 한 해를 정리하고, 결산하고, 새로운 희망을 이야기하는데 아무리 날짜 감각 없고 시간 개념 없는 나라도 피할 도리가 없다.

1년이라는 시간의 테두리를 만들고, 봄, 여름, 가을, 겨울이라는 계절의 이름을 붙인 것은 모든 것이 순환하고 되돌아온다는 생각 때문이겠지만 최근의 이상한 날씨를 겪고 있노라면, 요즘처럼 모든 게 빠르게 바뀌는 세상을 지켜보고 있노라면, 시간은 순환하는 게 아니라 단순한 직선일지도 모른다는 생각이 든다. 끝을 향해 달려가는 직선의 시간.

시간이 직선이라면 나이도 필요 없을 것이다. 나이 대신에 살아온 날을 얘기하는 게 훨씬 와닿지 않을까.

"저는 태어난 지 14580일 되었습니다."

"아유, 많이 오셨네요. 얼마 안 남았어요. 힘내세요."

하루하루 이렇게 무서운 대화를 주고받으면서 서로의 삶을 격려하지 않을까.

1년이라는 시간이 되돌아오는 게 좋은 이유는 새로운 걸 시작해볼 수 있기 때문이다. 해마다 1월이 돌아오니 새로운 마음으로 새로운 걸 시도해볼 수 있다. 얼마 못 가 모든 게 무너지더라도, 매번 시작할 수 있다는 건 얼마나 행복한 일인가. 올해 내 계획은 세 가지를 배우는 것인데(혹시 아는 사람들이 흉볼까 봐 뭘 배우는지는 비밀로 하고) 얼마나 갈지, 지난해처럼 2월에 무너질지, 아니면 올해는 뭐라도 하나 이뤄낼 수 있을지, 나 역시 궁금하다.

올해는 모든 걸 독학으로 돌파하는 대신 학원을 다녀볼 생각이다. 지난해 어떤 사회 교육 센터에 특강을 하러 갔다가 느낀 바가 많다. (글도 열심히 쓰지 않는 주제에) 글쓰기란 무엇인가, 라는 심오하고 철학적인 주제에 대해 이야기하러 갔는데 거기 모인 사람들을 보고 좀 놀랐다. 참으로 다양한 사람이 다양한 이유로 뭔가 배우기 위해 앉아 있는 모습이 아름다워 보였다.

학원을 다녀볼 마음이 든 것은 요즘 열심히 보고 있는 미국 드라마 〈커뮤니티〉 때문이기도 하다. 〈커뮤니티〉는 컬럼비아의 한 커뮤니티 칼리지(주민들도 수업을 듣고 학점을 딸 수 있는 지역사회 대학)

에서 벌어지는 다양한 사람들의 이야기인데 등장인물들의 면면이 재미있다.

변호사 출신의 말 잘하는 주인공 제프 윙거, 그가 한눈에 반한 미녀 브리타, 독실한 기독교 신자이자 아들 둘을 데리고 사는 이혼녀 셜리, 젊은이들과 어울리고 싶지만 그게 영 잘 안 되는 노년의 재벌 피어스, 고등학교 때 잘나가는 쿼터백이었던 트로이, 고등학교 때부터 트로이를 좋아했지만 고백 한번 못하고 주위만 맴도는 약물중독자 애니, 영화와 현실을 구분하지 못하고 말만 지독하게 많은 인도인 아벳 등 인종도 다양하고 성별도 다양하고 연령층도 다양하다. 모두 다른 일곱 명이 스페인어 스터디 그룹을 만들면서 이야기가 시작된다.

드라마 초기에는 기존 학원물과 별다른 차이가 없었지만 시간이 흐르고 모든 등장인물들의 캐릭터가 선명해지면서 갈수록 재미를 더하고 있는데, 가장 큰 재미는 아무래도 서로 완전히 다른 사람들이 친구가 되어가는 과정이다. 시즌1의 걸작은 페인트볼 암살자 에피소드였다. 정신이 살짝 나간 총장은 학교 축제에서 페인트볼 암살자 게임을 제안하는데, 1등 한 명에게 수여되는 상품은, 놀랍게도, 수강 신청 우선권이다. 그게 뭐 대단한가 싶겠지만, 생각해보면 엄청난 특혜다. 수강 신청 우선권으로 각각 다른 걸 상상한다. 여자들과 노는 거 좋아하는 제프 윙거는 "모든 수업을 월요일에 몰아넣고 6일 동안 놀"거나 "스케줄을 꽉 채워서, 4년 공부해야 할 걸 3년

만에 졸업할 생각"을 하고, 숙제하기 싫은 브리타는 "시험 없고 리포트 없는 수업만 골라서 들을" 생각을 하고, 아이들을 돌봐야 하는 셜리는 "모든 수업을 아침에 듣고 일찍 돌아가서 아이들과 놀아줄" 생각을 한다. 페인트볼 암살자 게임을 하면서 그들은 각자의 처지를 확실하게 이해한다. 나와 어떤 게 다른지를 배운다.

학교는 잔인한 곳이다. 대부분의 학교가 그렇다. 우리 모두 겪어봐서 안다. 그곳은 도저히 이해할 수 없는 룰이 있고, 도저히 납득할 수 없는 선생님도 있고, 아무리 생각해도 답이 안 나오는 문제가 있는 곳이다. 가장 무서운 것은 학교가 일종의 필터 역할을 한다는 점이다. 모든 아이들이 동등하게 입학하지만 졸업할 때는 계급이 생긴다. 중간에 걸러지는 아이들도 있다. 학교가 존재하는 이유는 계급을 매기기 위해서인지도 모른다. 학교를 다니는 동안, 아이들은 누가 나와 비슷하고 누가 나와 다른지, 누구와 친해져야 하고 누구와 멀어져야 하는지를 배운다. 그것은 잔인한 생존법칙이다. 학교를 졸업하고 몇 년, 몇십 년이 흐르고 주위를 돌아보면 모두 나와 비슷한 사람들이다. 정신을 차리고 보면 '끼리끼리' 놀고 있다.

커뮤니티 칼리지까지는 아니더라도 최소한의 사회 교육이 필요한 것은, 우리가 잊고 있던 세계로 되돌아가기 위해서다. 우리가 잊고 있던 평등의 세계로 돌아가기 위해서다. 〈커뮤니티〉의 주인공들처럼 스페인어를 공부하려는 공동의 목표를 세우는 순간 그들은 평등해질 수 있다. 물론 우리가 다녔던 학교보다 더욱 잔인한 곳이 될 수도 있다. 어릴 때와는 달리 이젠 돈과 외모와 학벌과 권력이 세상에서 얼마나 중요한 것인지 아니까, 평등이란 게 얼마나 쉽게 깨지는 건지 잘 아니까, 상대가 어떻게 하면 상처받는지도 너무 잘 아니까.

누군가를 완전히 이해한다는 것은 불가능한 일이다. 어렸을 때 서로 친구가 될 수 있었던 것은 서로를 이해하지 않았기 때문이다. 서로를 이해하지 않은 채 그냥 지냈고, 그렇게 시간이 쌓였고, 서로를 이해하는 대신 함께 보낸 시간을 이해하게 된 것이다. 어른이 되어서 만난 누군가를 이해한다는 것은 그래서 불가능에 가까운 일이다.(다들 그렇게 만나 결혼도 하니 참 신기하지!)

학원을 다니고, 새로운 사람들과 만나 인사를 하고, 서로의 이름을 묻는 게 어떤 것인지 궁금해졌다. 한 달도 채우지 못하고 그만둘지 모르지만 일단은 시도해보고 싶다. 서로에게 이름을 묻고, 서로가 살아온 시간을 그래도 이해해보려고 이야기를 나누는 풍경, 그리고 함께 뭔가 배우고 이뤄나가려는 그 모습이 어떤 의미인지 궁금해졌다.●

환상이란 걸 안다. 수업이 끝나면 모두 집으로 돌아가기 바쁘고,

●
지지리 운도 없지. 학원은 아니고 문화센터 비슷한 곳에서 열리는 강좌에 등록을 했는데, 인원 미달로 폐강되고 말았다. 아, 정녕 나는 학원계의 '마이너스의 손'이란 말인가. 얼마 전에 또 다른 수업에 등록했는데, 아직까지는 폐강되지 않고 있다.

이해는커녕 오해만 쌓이고, 서로에게 지지 않으려고 기를 써서 싸우는 풍경이 더 현실적이겠지. 그래도 그렇지 않은 사회 교육 기관이 있을 것이고, 커뮤니티 칼리지의 멋진 친구들 같은 사람들도 있을 것이다. 그런 곳이 많아진다면 서로를 이해하는 것도 쉬워지겠지.

여러 번 결혼하고 여러 번 이혼한 〈커뮤니티〉의 주인공 피어스가 가족이 없는 자신의 삶이 잘못된 것 같다는 생각을 하자, 친구 제프 윙거가 충고한다.

"피어스, 젖꼭지 작은 그 친구 앞에서 방귀 뀌어놓고 누구한테 전화하셨어요? 아벳이 다람쥐한테 핫도그 뺏기고 누구한테 전화했어요? 그게 바로 삶을 공유하는 방식이에요. 피어스, 당신에게 친구가 있다면 가족이 있는 거예요."

긍정하는 게 쉽지 않지만 맞는 말이긴 하다. 삶을 공유할 좋은 친구가 있다면 가족이 있는 거다.

사람들 머리 위에 그들의 온도계가 달려 있다면,
얼마나 화가 났는지, 아프지는 않은지,
모두 알 수 있을 텐데 ······

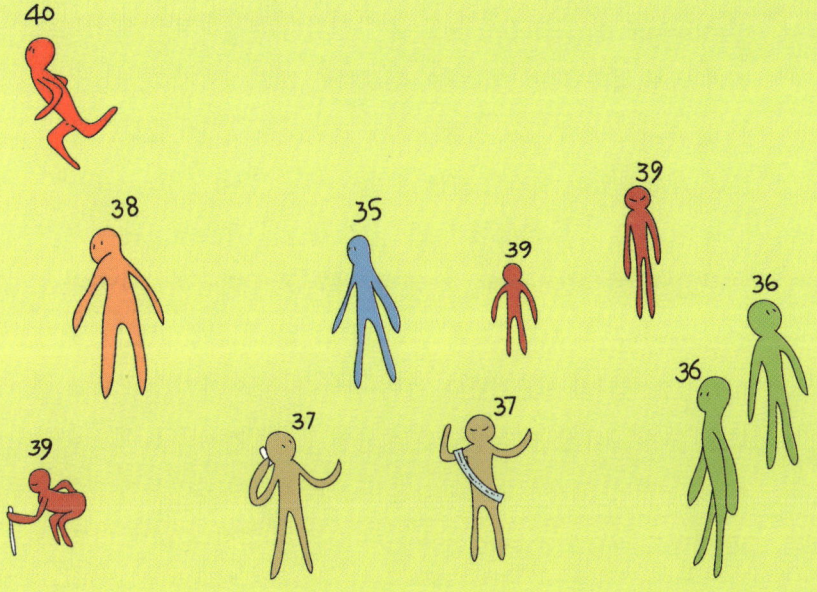

우리는 모두
외로운 라디오

 며칠 전 버스에서 운전사 아저씨와 말다툼을 했다. 라디오가 문제였다. 오랜만에 서울로 나들이를 갔다가 너무 피곤해진 나는, 일산으로 돌아오는 버스에서 편히 쉬고 싶었다. 버스 창밖을 바라보며 생각에도 잠기고, 잠깐 눈도 붙일 생각이었다. 하지만 라디오 소리가 너무 컸다. 어떤 개그맨이 진행하는 프로그램이었는데, 음악은 틀 생각도 하지 않고 온갖 유머로 청취자를 웃기려 들었다. 하나도 웃기지 않았다. 웃기지 않는 유머는 폭력이었다.
 좋아, 모든 것은 마음에 달린 거야. 생각의 귀를 닫으면 아무리 세상이 시끄러워도 상관없는 거야, 라고 굳게 마음먹었지만 마음 같지 않았다. 개그맨의 모든 말이 압정처럼 내 귀에 박혔다. 귀가 따가웠고 머리가 지끈거렸다. 많이 참았다. 곧 이야기가 끝나고 음악을 틀면 나아질 거야, 개그맨의 유머가 자장가처럼 들리는 순간이 있을 거야, 생각하고 생각하면서 참고 참았다. 승객들이 많았지만 아무도 라디오 소리를 신경 쓰지 않는 것 같았다. 내가 너무 예민한 거야, 라고 생각하며 또 참았다. 그러다가 결국 폭발하고 말았다. 맨 뒷자리에 앉아 있던 나는 운전석으로 걸어갔다.

"아저씨, 라디오 소리 조금만 줄여주시겠어요?"

아저씨는 대답이 없었다. 운전에만 몰두했다. 꽉 막힌 도로여서 버스는 전혀 움직이지 않았지만 운전사 아저씨는 운전에만 몰두했다. 나는 똑같은 얘기를 한 번 더 했다. 운전사 아저씨는 고개도 돌리지 않고 중얼거렸다.

"뭐가 시끄럽다고 그래. 크지도 않은데."

"아저씨, 저 뒷자리에 가서 소리가 얼마나 큰지 한번 들어보세요. 소리가 너무 커서 버스 전체가 울려요."

"좀 참으면 안 돼요? 내가 너무 졸려서 라디오라도 좀 들어야 잠이 깨요."

"뒷자리 소리만 줄일 수 없습니까?"

"그건 조절이 안 돼요. 조금만 줄여줄게요."

줄였다고는 해도 시끄럽기는 마찬가지였다. 졸음을 참고 운전하는 아저씨도 미웠고, 더 많은 운전기사를 채용하지 않는 버스 회사도 미웠고, 개그맨도 미웠고, 프로그램에 등장한 게스트도 미웠고, 너무 예민한 나도 미웠고, 라디오를 발명한 사람도 미웠고, 고성능 스피커를 개발한 사람도 미웠고, 달팽이관도 미웠고, 버스에서 내리지 못할 만큼 지쳐버린 내 몸도 미웠고, 아무튼 다 미웠다.

신촌의 눈부신 거리를 걸어다니는 사람들을 멍하니 바라보면서,

나의 라디오 시절을 생각했다. 나는 라디오에서 모든 것을 배웠다. 처음으로 비틀스의 노래를 들은 것도, 록큰롤 음악의 역사와 재즈의 신비를 알게 된 것도, 프로그레시브 음악의 장대함을 깨달은 것도, 유머가 없는 세상이 얼마나 지루한 것인지를 느낀 것도, 모두 라디오를 통해서였다. 아마도 내 몸을 해부해보면 몸 곳곳에 수많은 안테나가 내장돼 있을 것이다. 밤마다 라디오를 들으면서 나는 내 몸속의 안테나를 길게 늘여 수많은 세계를 여행하고 다녔다.

요즘엔 라디오의 주파수를 선택하기 위해서 버튼을 누른다. 단축 버튼을 눌러 방송국을 선택한다. 편리하긴 하지만 마음에 들지 않는다. 라디오라는 물체를 생각했을 때 가장 먼저 떠오르는 이미지는 동그란 다이얼이다. 라디오를 듣는다는 건, 다이얼을 돌려 지지직거리는 소리 사이에서 사람의 말소리나 음악 소리를 잡아채는 일이다. 소음 속에서 갑자기 나타나는 사람의 말소리를 잡아채며 얼마나 설렜는지 모른다. 그건 외국의 소리 같기도 했고, 우주의 소리 같기도 했다. 그 소리를 잘 듣기 위해 안테나를 길게 늘이고 사방으로 돌리고 있으면 라디오를 듣는 일이 아주 비밀스러운 일처럼 느껴졌다. 분명 수많은 사람들이 똑같은 방송을 듣고 있었을 테지만 DJ의 목소리와 음악이 오직 나만을 위한 것 같았다. 한겨울이면 이불을 푹 뒤집어쓰고 라디오를 듣기도 했다. 동굴에 들어간 기분이었다.

그 시절 내가 가장 좋아했던 프로그램은 DJ 전영혁 씨가 진행하

던 방송이었다. 아는 사람은 알겠지만 전영혁 씨는 말을 거의 하지 않았다. 음악 세 곡을 연달아 트는 것은 기본이고, 음반 한 장을 거의 통째로 들려주기도 했다. 전영혁 씨는 가끔 등장해 노래 제목과 간단한 설명만 해주었다. 프로그램이 끝날 때면 언제나 시 한 편을 읽어주었다. 나는 전영혁 씨의 방송을 들으면서 세상이 음악과 시와 사람의 낮은 목소리로만 구성돼 있다면 얼마나 평화로울까 생각했다. 그건 내가 상상할 수 있는 가장 아름답고 평화롭고 행복한 세상이었다.

  어느 때부터인가 라디오를 듣지 않게 됐다. 자동차를 운전할 때나 설거지를 할 때 외에는 라디오가 세상에 존재한다는 사실을 잊고 지낼 때가 많았다. 그 사이 수많은 것들이 생겨났다. 케이블 방송도 생겨났고, 인터넷도 생겨났고, 휴대용 TV도 생겨났다. 사람들은 이제 심심함을 참지 못한다. 인터넷과 휴대용 TV가 있으니 심심할 틈도 없다. 생각해보면 라디오를 듣는 일은, 심심한 마음과 친구가 되는 일이었던 것 같다. 라디오를 틀어놓고 낙서를 하거나 책을 읽거나 공상을 할 때엔 심심함을 떨쳐버려야겠다는 생각을 하지 않았던 것 같다. 그저 심심한 마음을 즐길 뿐이었다. 요즘의 라디오 방송이 수다스러워진 것도 심심함을 이기지 못하는 사람들 때문인지도 모르겠다. 라디오가 인터넷이나 TV와 맞서 싸우기 위해서는 더 재미있는 방송이어야 한다는 강박이 있는 것 같다. 나는 가끔 예전의 심심한 라디오가 그립다.

  꽉 막힌 도로는 쉽게 뚫리지 않았다. 버스는 걷는 것과 비슷한 속도로 움직이고 있었고, 운전사 아저씨는 여전히 큰 소리로 라디오를 들었다. 개그맨도 지쳤는지 음악을 튼다. 아니나 다를까 트로트다. 그런데 가사가 재미있다.

  "택시 기사 아저씨, 버스 기사 아저씨, 기사 식당 떡 장사 아줌마, 빵집 아저씨, 꽃집 아저씨, 아파트 경비원 아저씨, 국군 장병, 경찰관 아저씨, 라디오를 듣고 있네요. 우리 모두 듣지요. ○○○라디오."

 듣다 보니 정규앨범에 실린 노래가 아니라 트로트 가수가 부른 프로그램 로고송이었다. 내게 많은 것을 가르쳐준 로고송이다. 심심할 틈 없이 열심히 일을 하는 사람에게 라디오는 말벗이자 친구이자 TV이자 인터넷이었던 것이다. 누군가의 목소리가 절실히 그리운 사람에게 라디오는 또 다른 능력을 발휘한다. 나는 라디오 소리를 참아보기로 했다. 지금 어딘가에서 나와 같은 방송을 들으며 행복해하고 있을 수많은 사람들을 상상해본다. 그렇게 생각하니 참을 만했다. 그래도 이 얘기만은 꼭 해야겠다. 버스를 만들 때엔 운전사 아저씨를 위한 스피커를 따로 만들어주시면 안 될까요? 그래야 운전사 아저씨도 흥겹게 자신만의 라디오를 들을 수 있지 않을까요? 라디오 소리를 들으며 나는 잠이 들었다. 꽤 깊은 잠이었다.

이기적인 보일러

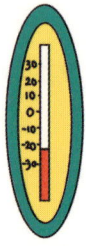

"그날은 몹시 추웠어. 1월의 마지막 즈음이었고, 그래서 친구들과 함께 작은 파티를 열게 됐지."

"새벽까지 술을 마셨고, 늦게 잠이 들었어. 그런데 새벽녘 이상한 기운에 나는 잠에서 깨어났지."

가능하다면, 이기적인 어머니도
만들어 보고 싶긴 해.
힘들겠지?

비현실적이다.

인간 음량 조절기

다기능 헬멧

얘기했다시피 귀가 예민한 편입니다.
잠들기 힘든 스타일이라고 할 수 있죠.

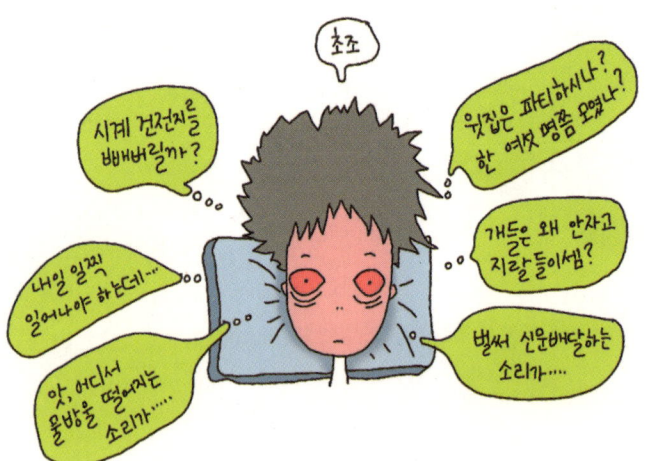

이런 상태로 잠을 설치다 보면 결국엔
불면 → 피곤 → 낮잠 → 불면 → …… 의
악순환이 이어질 수밖에 없는 것!

 완벽한 실패였습니다.
그래서, 이런 헬멧을 꿈꾸게 됐습니다.

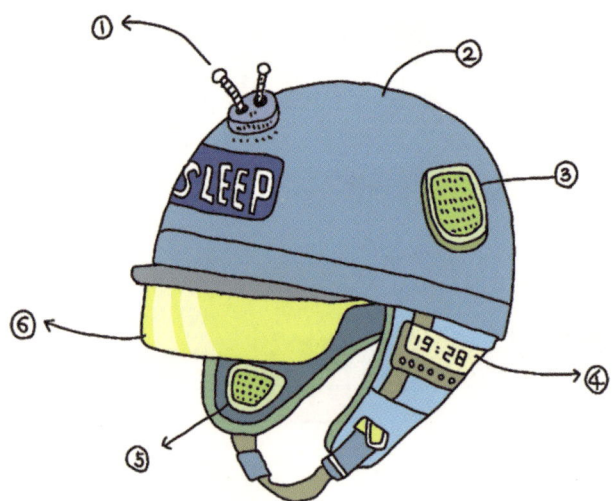

그렇지, 헬멧을 벗으면 그만인 거지.

자동 업데이트되는 졸업앨범

그러나, 문제는 알려질 필요가 없는 사람들이나 사실들도
알려지게 된다는 것이다. 예를 들면,

예전엔 전화를 걸어봐야만 알 수 있던 사실들을
졸업앨범을 통해 알 수 있게 된다. 잔인하다.

이런 사람들도 많이 늘어날 게 분명하고……

진실과 거짓말과 오해가
뒤섞인 것이
좀 더 리얼한 세상인 것 같기도 하다.

책과 영화를
둘러싼 모험

나는
산만한 아이였다

　어린 시절 나는 산만한 아이였다. 생활기록부의 담임 선생님 평가란에는 번번이 '산만함'이라는 단어가 들어 있었다. 친구들과 사이좋게 지냅니다. 하지만 주의가 산만합니다. 숙제는 잘 해옵니다. 그러나 수업 시간에 산만합니다. 그런 얘기를 자주 듣다 보니 스스로도 '나는 산만한 아이'라고 생각하게 됐다. 산만한 게 나쁜 거라고 생각하게 됐다.
　커서도 달라지진 않았다. 여전히 산만하다. 집에서 혼자 지내는 시간이면 얼마나 바쁜지 모른다. 글을 쓰다 보면 갑자기 음악이 듣고 싶고, 음악을 듣다 보면 그림 그리고 싶고, 그리다 보면 사진 찍고 싶고, 찍다 보면 책 읽고 싶고, 읽다 보면 다시 글을 쓰고 싶어진다. 어찌나 산만한지 한 가지 일에 한 시간 이상 골몰하는 꼴을 못 봤다. 소설을 쓸 때도 록음악이나 재즈를 큰 소리로 틀어놓아야 이야기가 잘 풀린다. 몇 달 전 세계 여러 나라의 작가들이 모인 행사에 참여했을 때 록음악을 틀어놓고 글을 쓴다고 고백했더니 모두들 말도 안 된다는 표정을 지었다. 클래식이라면 또 모를까 록음악을 들으면서 어떻게 글에 집중할 수 있냐는 것이었다. 글쎄, 그게 나도 이상하다. 나이가 들면서 '산만한 집중'을 터득한 모양이다.

일본의 동화작가 고미 타로의 책 『어른들(은, 이, 의) 문제야』에는 나처럼 산만한 사람들에 대한 글이 나온다. "저는 마음이란 산란해지기 위해 있다고 생각합니다. 산란해지지 않는 마음은 이미 마음이 아닙니다. 개인적으로 마음 심心이라는 글자를 좋아하는데, 특히 그 글자의 생긴 모양이 시선을 모읍니다. 권權이나 군軍 같은 글자는 획들이 모두 확실하게 붙어 있지만 심心은 각각 떨어져 있습니다. 즉 처음부터 산만한 상태라고 할 수 있습니다. 마음을 산란하게 하지 말라는 것은 마음을 갖지 말라는 뜻이며, 깜짝 놀라고, 두근거리고, 용기 없이 우물쭈물하는 등의 인간적인 감정을 갖지 말라는 뜻입니다"라는 구절을 읽는 순간 눈물이 날 뻔했다. 몇십 년 동안 억울하게 뒤집어썼던 누명을 벗어버린 느낌이었다. 산만해도 괜찮다고, 산만한 게 나쁜 건 아니라고, 고미 타로가 나를 위로해주었다.

수업 시간에 난생처음 보는 곤충이 책상 위를 기어간다. 나는 곤충을 자세히 들여다본다. 이게 산만한 것일까. 창밖으로 아름다운 노을이 지고 있다. 노을을 보면서 무언가 생각한다. 산만한 것일까. 권權이나 군軍은 언제나 마음에 집중을 요구한다. 될 리가 없다. 모든 사람이 산만해지길 바란다는 얘기는 아니다. 세상에는 산만한 아이가 있는가 하면 산만하지 않은 아이도 있는 법이다. 나 같은 경우엔 어린 시절부터 좀 더 산만한 아이로 자라지 못한 게 후회될 뿐이다. 산만해지지 않으려고 애썼던 시절이 아깝고, 왜 난 산만한 것일까, 스스로를 질책했던 시간이 아깝다. 내 마음의 허공에 찍혔던 산만한 방점들을 지워버리는 게 아니었다.

며칠 전 나만큼이나 산만한 사람을 만났다. 그는 '할라맨'이라는 밴드의 리더이기도 하고, 와인을 수입해서 팔기도 하고, 글도 쓴다. 우리는 맥주를 마시고 음악을 들으면서 산만하게 얘기를 나눴다. 음악 이야기, 영화 이야기, 책 이야기, 미술관 이야기 등 정말 산만한 대화였다. 그의 밴드가 자라섬 국제재즈페스티벌에 출연하게 됐다는 얘기를 듣고는 내가 물었다. 밴드의 목표가 뭐예요? 그는 우물쭈물하다가 목표가 없다고 했다. 그냥 음악을 할 뿐이라고 했다. 대답을 듣고 내 질문을 후회했다. 어째서 목표 따위를 물었을까. 예술에 목표 같은 건 없다. 집중을 요구하는 권權이나 군軍에는 뚜렷한 목표가 있겠지만, 마음이나 예술에는 목표가 없다. 마음을 기록하는 예술은, 그러므로 산만한 자들의 몫이다.

옷 구경
사람 구경

 언제부터 이렇게 열심히 택배를 기다리게 된 것인지 모르겠다. 인터넷으로 늘 뭔가 사고, 언제나 택배를 기다리고 있는 내 모습에 익숙해졌다. 기다리기 위해서 사는 것 같기도 하고, 사기 위해서 사는 것 같기도 하고, 살기 위해서 사는 것 같기도 하고, 내 마음 왜 이런지 나도 모르겠다.
 택배를 기다려본 사람은 안다. (황지우 선생님 죄송합니다!) 세상에서 택배를 "기다리는 일처럼 가슴 애리는 일 있을까". 택배가 "오기로 한 그 자리" 문을 열고 단지로 "들어오는 모든" 택배 기사가 내 택배였다가, 내 택배였다가, 내 택배일 것처럼 오다가, 다시 문이 닫히고, 택배 기사는 끝내 다른 집으로 간다. 따옴표 속 문장은 황지우의 시 「너를 기다리는 동안」에서 인용한 것인데, 뒷부분이 더 애절하다. 이렇게 이어진다.

 사랑하는 이여

오지 않는 너를 기다리며
마침내 나는 너에게 간다
아주 먼 데서 나는 너에게 가고
아주 오랜 세월을 다하여 너는 지금 오고 있다

황지우 선생님이 어찌나 내 마음을 적확하게 표현했는지, 숨이 멎을 지경이다.

그렇다. 나도 택배 기사를 찾아 나선 적이 있다. 어떤 물건이었는지는 자세히 기억나지 않는데(아마 전자제품이나 신기한 물건을 주문한 게 아니었을까 싶다. 책은 절대 아니었겠지) 나는 급한 마음에 택배 기사에게 전화를 걸었다. 택배 기사는 자신의 위치를 내게 알렸고, 나는 "급히 나가야 할 일이 있어서 택배를 빨리 받았으면 좋겠는데요"라는 말도 안 되는 이유를 대고 택배 기사를 찾아 나섰다.(아니 그런데 급히 나갈 일 있는 분 복장이 왜 '추리닝 바람'인 거야?) 택배 기사는 짜증을 좀 냈다. "10분 후요? 10분 후에는 3단지에 있을 것 같은데요? 아, 정확히는 모르죠. 그걸 제가 어떻게 압니까?"라며 목소리를 높였다. 나는 택배 기사와 길이 엇갈리지나 않을까 노심초사하며 트럭을 찾아 나섰고, 결국 물건을 인도해왔다. 한 시간 정도 빨리 받았을 뿐인데 큰일을 한 것처럼 마음이 뿌듯했다.

그렇게 열심히 택배를 기다리더니, 요즘엔 인터넷으로 물건을 사는 일에 좀 시들해졌다. 책도 인터넷으로 샀고, 가전제품도 인터넷

으로 샀고, 신기한 물건들도 인터넷으로 샀는데, 요즘엔 좀 시들해졌다. 인터넷으로 사면 가격도 싸고, 집까지 배송도 척척 해주고, 모든 게 편리한데, 자꾸만 밖으로 나가게 된다. 형체 없는 쇼핑에, 허공을 향한 소비에, 갈등 없는 '클릭질'에, 집으로 배달된 물건들의 박스를 분리수거하는 일에, 이제 좀 질린 모양이다. 인터넷 쇼핑에 심취해보니 실물을 대하는 즐거움이 얼마나 큰 것인지 새삼 알게 됐다. 요즘엔 서점에 가서 빈둥거리며 책을 고르고, 인터넷 서점

보다 많이 비싼데(그래도 적립은 해준다!) 그 자리에서 책을 사고야 만다. 예전 같으면 서점에서 마음에 드는 책을 선택한 다음 인터넷 서점에서 주문을 했을 텐데 그 모든 과정이 이제는 번거롭게 느껴진다. 가전제품을 살 때도 그렇다. 가격 비교, 성능 비교, 온갖 비교를 거쳐서 인터넷으로 물건을 사곤 했는데 요즘엔 그냥 매장에 가서 물건을 사온다. "비싸봐야 얼마나 비싸겠어" "지역경제도 살리고 좋잖아!"라는 게 대의명분이지만 전반적으로다가, 귀찮기 때문이라는 게 가장 큰 이유다.

인터넷 쇼핑에 심취했을 때도 옷을 사본 적은 한 번도 없다. 인터넷으로 옷을 사는 사람들을 이해하지도 못했다. 아니 대체 어떻게 입어보지도 않고 옷을 사지? 사이즈는 어떻게 알고? 사이즈가 맞지 않으면 환불과 교환은 어떻게 하고? 택배 기사를 불러서? 얼마나 귀찮을까, 라고 생각했다. 이제는 안다. 인터넷 옷 쇼핑의 장점이 많다. 어떤 옷을 살지 오랫동안 고민할 수 있고, 백화점의 끔찍한 공기에 시달리지 않아도 된다. 서울에 살지 않아도 마음에 드는 옷을 골라 입을 수 있으니 패션문화의 평준화를 (이게 좋은 건지 나쁜 건지 모르겠지만) 앞당길 수 있다. 모든 장점을 이해하면서도 여전히 인터넷으로 옷을 사게 되지는 않는다. 옷 구경하는 재미를 포기할 수 없다.

많은 남자들이 쇼핑하는 것을 끔찍하게 싫어한다고 들었지만, 나는 동네 옷가게에서 옷 구경하는 것을 무척 즐기는 사람이다. 옷은 직접 가서 보는 게 좋다. 재질도 확인하고, 디자인도 구경하고, 가격은 얼마나 하는지도 보면서 어슬렁거리는 게 좋다. 내가 엄청나게 멋진 스타일의 남자라는 소리는 (절대!) 아니지만 최소한 나는 내가 어떤 옷을 좋아하는지, 어떤 옷이 내게 잘 어울리는지 안다. 주위를 둘러보면 그런 남자가 많지 않다. 멋진 스타일의 남자는 커녕 자신의 옷을 직접 고르는 사람도 만나기 힘들다. 서른 중반이 될 때까지 어머니가 사주는 옷을 입는 사람도 있고, 아내가 사주는 옷을 무조건 입는 남자도 많다. 대부분 자신의 옷을 고르지 못한다. 만약 주변에 자신만의 스타일로 옷을 입는 사십 대 남자를 한 명이라도 알고 있다면, 그 옷이 넝마든 명품이든 자신만의 스타일이 확고한 사십 대 남자를 한 명이라도 알고 있다면, 당신은 행운아일 가능성이 높다. 주변에 그런 사람이 한 명도 없다면, 눈을 정화하기 위해서라도 『사토리얼리스트』를 읽어보길 권한다.

책의 저자 스콧 슈만은 2005년 가을, 카메라를 들고 뉴욕 거리로 나가 패셔너블한 보통 사람들의 사진을 찍기 시작했고, 자신의 블로그에 사진을 올렸다. 그의 사진은 방문자들에 의해 순식간에 세계로 퍼져나갔다. 『사토리얼리스트』는 그 사진을 모은 책이다. 스콧 슈만의 서문도 멋지다.

나는 사람들이 타인의 영향을 받지 않고 각각 영감을 얻어 저마다 다른 결론을 내렸으면 한다. 이 책에 글이 많지 않은 이유가 이것이다.

나는 사람들의 다양하고 대조적인 모습에서 영감을 받는다. 그리고 이 책에 실린 사람들의 나이, 수입, 국적이 천차만별이라는 사실에 무척 자부심을 느낀다. 이들의 겉모습은 전혀 다를지 모르지만 의복으로 자신을 표현하고 싶다는 공통점을 가지고 있다.

책을 보면 알겠지만 사진 속 인물은 대단한 사람들이 아니다.(물론 카니에 웨스트나 아르마니 같은 대단한 사람들도 있지만.) 길을 가다가 우연히 만날 수 있는 사람들이다. 그런데도 어쩜 그렇게 모두들 멋진지 사진을 한 장씩 찢어서 벽에다 붙여두고 싶다. 겉모습은 다르지만 모두 옷으로 자신을 표현하고 있었다.

『사토리얼리스트』를 보면서 한국의 교복을 생각했다. 나는 하루빨리 교복이 없어졌으면 좋겠다. 교복이 없어지고 남자아이들이 자신이 원하는 옷을 입을 수 있었으면 좋겠다. 아무렇게나 입어보고, 옷을 찢어보기도 하고, 말아보기도 하고, 잘라보기도 하면서, 자신이 원하는 방식을 시도해볼 수 있었으면 좋겠다. 그렇게 자라난다면, 최소한 자신의 옷은 자신이 직접 고를 수 있을 것이다. 그건 패션만의 문제가 아니라 허용과 관용의 문제일 수도 있다. 다른 사람을 얼마나 잘 이해하고 편견 없이 대할 수 있느냐가 패션에서 시작된다.

우리는 사람들을 만날 때 제일 먼저 서로의 옷을 바라본다. 옷으로 그 사람을 평가하고, 판단한다. 아이들이 더 많은 옷을 경험할 때, 내 친구가 어떤 옷을 좋아하는지 알게 될 때, 내가 좋아하는 옷과 친구가 좋아하는 옷이 어떻게 다른지 알게 될 때, 우리의 판단은 좀 더 부드러워질 것이다.

교복을 없앨 수 없다면 『사토리얼리스트』 같은 책을 교재로 쓰는 것도 좋겠다. 한 명 한 명의 옷차림을 보고 토론을 하는 거다. 그렇게 교육을 받았다면 나도 지금쯤 좀 더 멋진 인간이 됐을 텐데, 안타깝기 그지없다. 그래도 아직 늦지 않았다. 『사토리얼리스트』를 보고 있으면 '아, 저렇게 늙으면 좋겠다' 싶은 남자들이 참 많다. 아직은 늦지 않았다.

우리는
실패할 확률이 높은
존재들이다

세상은 무엇이든 두 가지로 구성돼 있다. 새로운 학설을 제기하며, 세상은 세 가지로 구성돼 있다고 우기는 휴대전화 회사도 있었지만(세상에 '토크, 플레이, 러브'라니) 절대 그렇지 않다. 인간은 머리, 가슴, 배로 이뤄진 것이 아니라 상체와 하체로 구성됐으며, 세상은 철수와 영희와 바둑이로 구성된 것이 아니라(바둑아, 미안) 철수와 영희의 대립 구도로 형성돼 있다. 믿음, 소망, 사랑은 무슨 말도 안 되는 소리, 사랑의 짝패는 증오다. 이렇게 단순하고 명쾌한 구분을 두고 누군가는 이분법적 세계관이라고 비판하겠지만 어쩔 수 없다. 세상은 극과 극으로 이뤄져 있다. 세상은 한쪽이 올라가면 다른 한쪽은 내려가야 하는 시소의 세계다. 합격과 불합격, 부자와 가난한 자, 왼쪽과 오른쪽. 아니다, 그렇지 않다. 모두 웃자고 해본 얘기다. 세상은 그렇게 간단하지 않다. 나도 세상이 이렇게 두 가지로 구성돼 있으면 참 좋겠다. 참 편하겠다.

한때는 세상이 두 가지로 구성돼 있다고 생각한 적도 있다. 대학에 휴학계를 내고 이곳저곳 돌아다니던 시절이었다. 태어난 게 실수 같았고, 뭘 해도 실패할 것 같았다. 지구의 땅에는 보이지 않는 거대한 줄이 그어져 있고 사람들은 딱 두 가지로 나뉠 수 있다고 생각했다. 한쪽에는 행복한 자들이 살고 있고 다른 한쪽에는 (나처럼) 불행한 자들이 살고 있다. 지상에서 행복했던 자들은 지옥으로, 지상에서 불행했던 자들은 천국으로 가야 한다고 굳게 믿었다. 어째서 그렇게 모든 것이 불만스러웠는지, 어째서 인생을 고난과 고통의 도미노로 여겼는지, 이유는 기억나지 않는다. 별다른 이유도 없었을 게 분명하다.

얼마 전 멋진 청춘영화를 한 편 보고 그 시절이 떠올랐다. 〈우린 액션배우다〉라는 작품인데(아, 정말 꼭 보시기 바란다) 제목의 비장함과는 달리 살벌하게 웃기고 심하게 무모한 이십 대 남자들의 삶을 다루고 있다. 주인공은 액션스쿨에 들어간 젊은이들이다. 자동차를 고치다 온 친구도 있고, 미용실에서 일하다 온 친구도 있고, 백수로 놀다가 온 친구도 있고, 기타 등등 다양한 곳에서 온 여러 남자들이 한자리에 모였다. 예상대로라면 이들은 온갖 역경과 좌절을 딛고 일어나 액션배우, 즉 스턴트맨으로 성공을 거둔 후 더 큰 꿈을 향해 앞으로 돌진하는 패기를 보여주어 젊은이들에게 진취적 기상을 고취해야 하겠으나 실제로는 전혀 그렇지 않다. 스턴트맨 일을 계속 하는 사람은 단 한 명뿐, 나머지는 모두 다른 길을 찾아 나선다.

그런 생각이 든다. 다른 길로 가는 게 어때서. 그래, 그럴 수 있지. 좋은 경험을 했으니 다른 일을 할 수도 있지. 스턴트맨 일이 너무 힘들어서 포기할 수도 있지. 왜냐하면 젊음이란 건 조금은 낭비되어도 상관없을 만큼 넘치고 넘치는 것이니까. 길을 잘못 들어서 다시 처음으로 돌아와도 '어랏, 아직도 시간이 남았네'라고 할 만큼 여유가 있는 것이니까. 그러나 문제는 "젊은 날엔 젊음을 모르고, 사랑할 땐 사랑이 보이지 않"는 것이다.

세상은 두 가지나 세 가지로 구성돼 있는 것이 아니다.(세상이 그리 만만하더냐!) 세상은 대략 5억만 개(너무 적나?) 이상의 요소로 이뤄져 있으며 우리는 아주 작은 인간일 뿐이다. 우리는 실패할 확률이 훨씬 높은 존재들이다. 그러므로 우리의 실패는 아주 작은 실패일 뿐이다. 스무 살 때 그걸 알았더라면 좀 더 많은 실패를 해보았을 것이다. 실패가 행복이란 걸 알았을 것이다.

자동차를 운전할 때마다
잠망경 같은 게 있으면 좋겠다는 생각을 했다.
앞이 보이지 않는 건 참 답답한 일이다.
생각해보니, 스무 살 때도 그랬지.

유머가 세상을 바꿀 수 있을까

친구들과 함께 기획해서 일주일 동안 동분서주하며 매달렸던 (많은 분들이 이런 게 있었는지도 몰랐겠지만) 〈산울림 낭독 페스티벌〉(이하 〈산낭페〉)이 막을 내렸다. 대학 시절 이후로 행사 기획이라는 걸 처음 해봤다. 문화부 차장이었는지, 홍보부 차장이었는지, 아무튼 그 비슷한 직함을 달고 열심히 이벤트를 만들던 게 대학 2학년인 1990년이었으니 꼭 20년 만이다. 그때는 정말 아무것도 몰랐고 체력만 있었는데, 이제는 아는 게 좀 생겼지만 몸이 따라주지 않아서 힘들었다.

오랜만에 깨달은 것도 많다. 혼자 책상 앞에 앉아 생각하고 글을 쓰기만 해서는 절대 알 수 없는 것들이다. 양보, 조율, 협업, 주장, 공유 같은 것. 회사 생활을 해봤지만 그때와는 또 다른 느낌이다. 지시하고 복종하는 게 아니라 친구들과 함께 머리를 맞대고 새로운 아이디어를 내며 조금씩 행사를 완성해가는 게 (시간은 더 많이 들더라도) 즐거웠다. 행사를 기획해서 진행하다 보니 고마운 사람도, 미안한 사람도 많이 생기더라. 그게 다 즐거운 빚이라고 생각한다. 즐거운 마음으로 언젠가 갚으면 될 일이다.

〈산낭페〉는 '낭독'을 중심으로 온갖 이벤트를 하나로 모아보자고 작정한 페스티벌이었다. 소설가와 뮤지션, 시인과 뮤지션이 어우러진 무대도 있었고, 희곡을 낭독하는 무대도 있었고, 젊은 아티스트들의 실험적인 낭독도 있었고, 여러 문화인들이 등장해 자신이 좋아하는 책을 읽어주는 단순한 프로그램도 있었다. 기획자로서가 아니라 관람객의 입장에서도 즐거운 경험이었다. 일주일 동안 수많은 사람들의 목소리를 들으면서 행복했다.●

개인적으로 가장 재미있었던 무대는 장진 감독의 희곡 낭독이었다. 장진 감독이 오랜만에 무대에 올리는 〈로미오 지구 착륙기〉의 대본을 (미리) 읽어주었는데, 30분이 채 되지 않는 낭독 중에 얼마나 자주 웃었는지 모른다. 키득키득, 쿡쿡, 흐흐하, 웃고 또 웃었다. 아주 짧은 대목만 읽어주었지만 특유의 유머 감각과 날카로운 시대 비판이 듬뿍 담긴 희곡이란 걸 알 수 있었다. 웃으면서도 씁쓸했고, 배꼽을 잡으면서도 가슴이 아픈 대목이 많았다. 낭독이 끝난 뒤에 장진 감독이 "왜 제가 배우를 하지 않고 감독을 하는지 다들

●
무슨 마음으로 그랬는지 〈산울림 낭독 페스티벌〉에 1회라는 말을 넣었다. 1회라는 건, 2회를 염두에 두고 있다는 건데 말이지. 2012년에 2회를 열기로 했다. 1월 말에 산울림 소극장에서 열릴 예정이다. 2회도 잘 되어야 할 텐데······.

아시겠죠?"라며 겸손하게 말했지만 소극장을 쩌렁쩌렁 울리며 연기하는 목소리는 감동적이었다.

오래전부터 장진 감독의 영화를 좋아했다. 〈기막힌 사내들〉을 몇 번이나 다시 봤는지 모른다. 〈킬러들의 수다〉와 〈아는 여자〉는 내가 최고로 꼽는 코미디 영화들이다. 기분이 울적할 때면 (주성치의 영화와 함께) 장진 감독의 영화를 다시 본다. 주성치가 시침 뚝 떼고 모든 걸 과장해서 웃긴다면, 장진은 반 박자 빠르거나 반 박자 느린 타이밍으로 사람들을 웃긴다. 주성치 영화에선 주성치가 매력적이지만(당연한 소리인가?) 장진 영화에선 모든 주인공들이 매력적이다. 객석에 앉아 장진 감독이 읽어주는 〈로미오 지구 착륙기〉를 들으면서 장진 영화에 등장하는 인물들을 얼마나 좋아했는지 새삼 깨달았다.

장진 감독이 만들어낸 사람들은 매사에 진지하고 적극적이고 명쾌하지만 언제나 세상과 조금씩 엇나간다. 본인들은 참 열심히 사는데, 그게 뭔가 좀 타이밍이 안 맞는 거다. 〈기막힌 사내들〉에서 신하균이 맡았던 김추락 씨(거참, 이름 한번 멋지다)는 서울 시청 앞에서 서울시의 살인적인 교통난을 해소하라며 온몸에 기름을 들이붓고 분신자살을 시도하지만 실패한다. 알고 보니 김추락 씨의 주소지는 (아, 지금 내가 살고 있는) 일산이다. 형사들은 김추락 씨에게 화를 낸다.

(기억에만 의존한 대사이므로 정확하지 않겠지만) "이 새끼야, 경

기도청에 가서 항의를 해야지 왜 서울에서 지랄이야. 그래서 일산까지 전철 뚫어줬잖아. 그리고 분신자살하는 놈이 경유는 왜 들이부어? 니가 지프차냐?"

참 진지하면서 웃긴 김추락 씨인데, 그런데, 생각해보면 그럴 수도 있는 거 아닌가?(제가 일산 사는 김중혁 씨라서 흥분한 건 아니고요.) 일산 사는 사람이 서울에 가서 서울의 교통난을 해소해달라고 말할 수도 있는 거 아닌가? 넓게 보면 다 같은 한국 사람인데 그렇게 얘기할 수도 있는 거지. 김추락 씨가 맞고 형사들이 틀린 건지도 모른다. 어쩌면 우리는 제대로 살고 있는데, 누군가로부터 잘못 살고 있다고 계속 비난받고 있어서 자꾸만 의기소침해지는 것은 아닐까. 김추락 씨는 형사들에게 이렇게 말한다.

"제가 왜 늘 자살하려고 하는 줄 아십니까? 바로 이런 것들 때문이죠. 진실이 상실당했기 때문에, 의심과 타협만이 남았기 때문에."

그의 말은 진심이지만, 사람들은 그 진지함 때문에 웃을 수밖에 없다. 세상은 언제나 정확한 박자로 움직이고, 박자를 맞추지 못하는 (김추락 씨를 비롯한 장진 월드의) 사람들은 엇박자 인간들 취급을 받는다. 어쩌면 그들이 정확한 박자를 두드리는 것이고 그들을 비웃는 사람들이 엇박자로 살고 있는 것인지도 모른다. 함부로 비웃고 욕할 일이 아니다.

장진 영화의 '트레이드 마크'라고 부를 만한 게 있다면 바로 취조 장면이다. 취조 장면은 장진의 거의 모든 영화에 빠짐없이 등장하는데, 탁구를 치듯 두 사람이 주고받는 대화를 듣다 보면 어느새 등장인물을 사랑하게 되고 만다.

〈아는 여자〉에는 장진 감독이 형사로 분해 직접 출연, (장진의 페르소나라 할 수 있는) 정재영을 심문하는 장면이 있다.

장진 : 동치성 씨, 이렇게 계속 무턱대고 모른다고만 하면요, 제가 막 화가 납니다.
정재영 : 제가 아는 건 다 말씀드렸는데요.
장진 : 뭘 모르시나 본데, 이 방에서는요, 아는 것 외에 모르는 것도 좀 말하고 그래야 돼요. 이 방은요, 무식한 놈들도 유식해지고 장님도 본 대로 얘기하고, 귀머거리도 들은 대로 말하는 그런 방이라 이거예요.
정재영 : 그럼 벙어리는 어떻게 해요?

여기에서 왜 배를 잡고 웃게 되는 걸까. 정재영의 저 한 마디가 왜 이렇게 웃긴 걸까. 정재영은 진지하게 묻는다. 그럼 벙어리는 어떻게 하냐고. 장님도 얘기하고, 귀머거리도 얘기할 수 있지만 벙어리는 정말 어쩌지? 글씨로 씁니까? 아니면 수화 통역? 우리는 늘 이렇게 되묻고 싶은 순간에 참는다. 에이, 이런 것까지 물어봐야 하나 싶은 생각에, 이런 걸 물어보면 상대방이 화를 낼지도 모를 것 같다는 염려에, 질문을 멈춘다. 사실은 멈추지 않아도 되는 게 아닐까.

궁금하면 묻고, 생각나는 대로 이야기하는 게 좋은 거 아닐까.

장진의 영화에는 매력적인 인물로 가득하다. 그들은 엉뚱해 보이지만 솔직하고, 아이들처럼 장난기가 넘치는 사람들이다. 장진 영화에 등장한 사람들이 모여 사는 마을이 있다고 생각하면 기분이 좋아진다.(《웰컴 투 동막골》이 그 비슷한 마을이려나?) 소년, 소녀 같은 사람들, 당연한 게 있다고 생각하지 않는 사람들, 궁금하면 묻고, 하고 싶은 걸 해야 하는 사람들, 그런 마을에 가서 살고 싶다. 처음엔 좀 (많이) 피곤하겠지만 금방 적응되겠지.

장진 감독과 몇 번 만난 적이 있다. 나는 그의 눈을 들여다보면서 참 신기하다고 생각했다. 장진 감독의 눈은 아이들처럼 쉴 새 없이 반짝인다. 마치 초점을 잘 맞추지 못하는 카메라 렌즈처럼 계속 움직인다. 수많은 사람들을 계속 바라보기 때문에, 초점을 이리저리 움직이며 새로운 각도로 사람들을 바라보려고 하기 때문에 그럴 거라고 생각했다. 그 눈 뒤에 거대한 기계가 있는 게 아닐까 상상하곤 했다. 눈으로 본 것들을 재가공하고 뒤집고 변형하고 합친 다음 웃음으로 변환하는 거대한 기계가 끊임없이 돌아가고 있는 것은 아닐까.

한 번의 웃음을 만들기란 말처럼 쉬운 일이 아니다. 장진 감독은 오랫동안 그 웃음을 꾸준히 만들고 있다. 거대한 기계가 있지 않고서야 불가능한 일이다.

한때는 유머가 이 잔인한 세상을 바꿀 수 있다고 믿었다. 사람들을 웃게 한다면, 뭔가 바뀔지 모른다고 생각했다. 지금은 잘 모르겠다. 현실과 이상이 점점 어긋나는데 유머가 무슨 소용일까 싶기도 하다. 유머가 현실을 바꾸지 못하고 도피처로만 쓰인다면 무슨 소용일까. 그래도 포기할 수는 없다. 세상을 바꿀 수는 없어도 개인을 바꿀 수는 있을 테니까. 개인이 바뀐다면 언젠가는 세상이 바뀔 수도 있을 테니까. 포기할 수는 없다. 장진 감독도 그런 생각을 하고 있는 것인지도 모르겠다. 어쨌든 우리는 계속 웃으며 앞으로 나아가야 한다.

책을 둘러쌌던
웃기면서 슬픈 이야기

한때 인터넷 서점에서 일한 적이 있다. 내가 맡은 역할은 〈부커스〉라는 웹진에다 고객들이 아무리 열심히 읽어도 도저히 다 읽을 수 없을 정도로 방대한 양의 기사를 매일 업데이트하여, 기사에 질린 고객들로 하여금 '에잇, 그렇다면 책이나 사자' 하는 마음을 먹게 하는 것이었는데(이상한 판매 전략!) 한 6개월 했더니 진력이 나고 말았다. 고객들을 질리게 해야 했는데, 내가 먼저 질리고 말았다.

인터넷 서점이라고 해도 인터넷으로 해결하지 못하는 일들이 더 많았을뿐더러 초창기였기 때문에 몸으로 해야 할 일이 꽤 많았는데, 내가 가장 재미있게 했던 일은 책을 포장하는 것이었다. 배송 시스템이 완벽하지 않았던 이유로 서울의 직원들은 자주 파주 창고로 불려갔는데, 특히 나처럼 회사의 잉여 인간으로 취급되는 인력은 더욱 자주 불려갔다. 다른 일들은 꼭 필요한 업무였지만 기사를 과잉 생산해내는 역할은 잠깐 쉬어도 무방한 일이었다. 나는 기꺼이 파주로 갔다.(가끔 주말에 불려갈 때만 괴로워했다.)

주문서를 확인하며 책을 찾는 역할은 내 취향이 아니었다. 나는 컨베이어 벨트에 얹혀서 밀려나오는 책들을 좋아했다. 주문은 다양해서, 달랑 한 권만 주문하는 고객도 있었고 스무 권 이상 주문하는 고객도 있었는데, 다양한 형태로 밀려오는 책들의 공격을 보고 있으면 전의가 불타올랐다. 그래, 덤벼라.

순서는 이랬다. ① 책 권수에 맞는 박스를 고른다. ② 에어캡으로 책을 둘러싼다. ③ 박스에 책을 담는다. ④ 박스를 닫고 테이프로 봉한다. 말은 쉽지만, 이 작업이 만만치 않다. 매일 포장 작업을 하고 계시는 전국의 책 창고 직원 여러분은 "아이고, 웃기고 자빠졌네"라며 나를 비웃겠지만 내게는 재능이 있어 보였다. 내 손은 정확하고 빨랐고 야무졌다. 매일 포장 작업을 하는 전국의 책 창고 직원분들은 "아이고, 한 달만 해봐라, 울면서 자빠질 거다"라며 나를 비웃겠지만 책을 포장하는 내내 나는 행복했다. 손끝의 감각이 살아났고, 생각이 없어졌고, 피곤해서 잠도 잘 잤다. 이상, 책을 둘러쌌던 이야기였다.

책을 둘러쌌던 이야기가 하나 더 있다. 대학 시절, 도서관에서 커트 보네거트의 작품을 발견하고 흥분한 적이 있다. 『태초의 밤』이라는(최근에 『마더 나이트』라는 제목으로 새로 출간된) 작품이었다. 『태초의 밤』은 세계문학전집에 포함된 작품이었기 때문에 도서관에서 빌려 볼 수밖에 없었고, 시간이 날 때마다 자주 그 책을 빌려 봤는데, 어느 날 기차에서 그 책을 잃어버리고 말았다. 두고 내린

> 아, 햄릿 선수 공 잡았습니다. 던질 것이냐 말 것이냐, 역시 갈등하는군요. 저 선수 재미 툭이죠.

것인지, 누가 들고 간 것인지(도대체 누가?) 알 수 없었다. 도서관에 가서 사정을 설명하자 담당 직원은 간결한 어투로 말했다.

"제본해서 가져오세요."

다행히 도서관에는 『태초의 밤』이 한 권 더 있었다. 지금은 어떤지 모르겠지만 그때는 제본을 하려면 기본이 두 권 이상이어야 했다. 제본을 두 권 한 다음 한 권은 내가 가졌고, 한 권

은 도서관에 반납했다. 책을 잃어버리지 않았더라면 문학전집에 포함돼 있던 『태초의 밤』을 어떻게 가질 수 있었겠는가, 라고 생각하며 뿌듯해했지만 지금은 어디에 처박혀 있는지 알 길이 없다.

보네거트를 한동안 읽지 않다가 최근에 출간된 『신의 축복이 있기를, 로즈워터 씨』를 오랜만에 읽었다. 2007년 4월, 보네거트가 다른 별로 이동했을 때 그에 대해 이런 글을 쓴 적이 있다.

"보네거트를 읽으면서, 나는 유머를 배웠다."

새로 출간된 책을 읽으면서도 나는 유머를 배웠다. 보네거트만의 정통 SF 블랙코미디는 아니지만 자본주의와 돈에 얽힌 그의 이야기를 듣고 있노라면 시간 가는 줄 모른다. 할아버지의 이야기를 듣듯 조금씩 이야기를 읽어나가다가 이상한 부분에서 빵, 터졌다.

이곳 고등학교의 풋볼팀 선수들은 자기네를 '용맹한 덴마크인'이라 부른다오. 하지만 주변 마을에서는 '우울한 덴마크인'으로 통하지. 지난 3년 동안 1승 2무 24패를 기록했기 때문이오. 이런 성적은 햄릿이 쿼터백으로 뛰었을 때나 가능할 것이오.

햄릿이 쿼터백으로 뛰는 풋볼팀이라니, 생각만 해도 아찔하다. 고민 많던 햄릿이 환생하여, 전생과는 다른 삶을 살아보리라 다짐하고 운동을 열심히 해서 쿼터백이 되었지만, 햄릿은 햄릿이어서 공격을 주도해야 할 순간에 늘 망설이고 마는 것이다. 던지느냐, 마느냐, 그것이 문제로다. 패스하느냐, 들고 뛸 것이냐, 그것이 문제로다. 1승 2무가 더 놀라운 기록이다.

소설 속에는 온갖 농담들이 난무한다. 보네거트는 농담을 마구 던진다. 그걸 다 잡아내려면 소설을 수십 번 읽어야 할 것이다. 이런 시도 좋다.

> 천국의 벽에 글을 쓰는 자들은
> 자기 똥을 동그랗게 빚어야 한다.
> 그 재치 있는 글을 읽는 자들은
> 그 똥덩어리를 먹어야 한다.

어떻게 해석해야 할지 모르겠다. 무슨 말인지 잘 모르겠지만, 어느 날 문득 정신을 차리고 보면 웃기면서 슬플 것이다. 보네거트의 글은 대체로 그렇다.

허공으로
허공에 쓴 것

 이런 날이 올 줄 알았다. 커트 보네거트는 죽고, 나는 남아서 그에 관한 글을 쓰게 될 날이 올 줄 알았다. 짐작보다는 조금 빨랐지만 이 날을 예감하고 있었다. 오랫동안 나의 사이버스페이스 아이디는 'vonnegut'였다. 나는 새로운 포털사이트가 생기면 누구보다도 빨리 'vonnegut'라는 이름을 나의 아이디로 만들었다. 지금은 사라진 하이텔에서 나는 'Vonnegut'였다. 프리챌이 생기자마자 'vonnegut'라는 아이디를 만들었고, 코리아닷컴에서도 마찬가지였다. 네이트에서 여전히 나는 'vonnegut'이고, 엠파스의 아이디도 'vonnegut'다. 사이트에 접속해서 'vonnegut'라는 단어를 치면 언제나 기분이 좋아졌다. "전자우편 주소를 좀 불러주시겠어요?"라고 누군가 나에게 물어볼 때마다 'v' 발음을 제대로 전달하기 힘들었지만, 매번 "m이 아니라 n이 두 개예요"라고 얘기해야 했지만, 그래도 그 이름이 내 아이디라는 게 자랑스러웠다.
 나에게 'vonnegut'라는 단어는 일종의 암호였다. 'vonnegut'라는 아이디가 새겨진 명함을 전할 때마다, 전자우편 주소를 불러줄 때마다, 나는 알 수 없는 누군가의 접선을 기다리고 있었다. 대부분의 사람들은 그 이상한 스펠링의 이름을 곧 잊어버렸다. 당연한 일이라고 생각한다. 'V'로 시작한다는 것 말고는 특별할 게 없는 이름이다. 하지만 가끔 누군가 말을 걸어올 때가 있다. "어, 보네거트를 좋아하세요?"라거나 "보네거트를 아세요?"라는 말을 들을 때가 있다. 그저 한 사람의 이름을 얘기했을 뿐인데 수많은 이야기들을 공유한 듯한 기분이 들었다.

커트 보네거트라는 이름을 처음으로 알게 된 것은 대학교 2학년 때였다. 그때 나는 수업에는 잘 들어가지 않고 학교 도서관이나 교정의 벤치에 앉아서 책을 읽으며 '이따위 우주라면 없는 편이 낫겠다'라든가 '죽고 나면 영혼은 어디로 사라지는 걸까'와 같은 치기 어린 생각들을 하고 있었다. 세상이란 공포였고, 죽음이란 블랙홀이며, 삶이란 지루함이었고, 내일이란 불필요한 희망이었다. 세상 다 산 것 같은 표정의 나를, 사람들은 한심하게 생각했다. 나는 도서관을 어슬렁거리며 세계문학전집을 들추어보다가 보네거트라는 이름을 발견했다. 무엇보다 이름에 들어 있는 'V'라는 문자가 나를 압도했다. 그때 읽었던 작품이 『태초의 밤』이었다.

보네거트를 읽으면서, 나는 유머를 배웠다. 유머 없는 인간이 얼마나 비극적인지를 배웠다. 보네거트를 소개하는 문구에는 '포스트모더니즘 SF 블랙코미디 컬트작가'라는 기나긴 수식어가 붙지만,

내게는 언제나 '세상에서 가장 웃기고 시니컬한 유머작가'였다. 키 득거리며, 땅을 치며, 떨어지는 배꼽을 부여잡으며, (너무 웃겨서 터지는) 눈물을 훔쳐가며 커트 보네거트를 읽었다. 웃으면서 입술을 앙다물었다. 세상에 무릎 꿇지 않고, 세상을 비웃어주어야만 내가 다치지 않는다는 사실을,
그에게서 배웠다.

『갈라파고스』의 한 장면.

 시장에 나온 기계를 평가하듯 1백만 년 전의 인체를 평가하라면, 나는 두 가지 중요한 점을 지적하겠다. 그 하나는, 이쯤이면 다 알아채셨겠지만, 인간의 뇌는 너무 커서 실제적인 것이 못 되었다는 것이다. 또 하나는, 우리네 치아는 늘 어디가 고장이라 대개는 평생 가지 못했다는 것이다. 우리가 한입 가득 썩는 도자기류를 갖게 된 것은 진화과정의 어떤 사건에서 연유했을까?

 아무리 용을 써봐도, 우리는 결국 한입 가득 썩는 도자기류를 넣고 다니는 존재에 불과한 것이다. 우주는 광활하고, 세상은 넓고, 인간은 작다. 인간은 너무 작아서, 커트 보네거트의 눈에는 인간들이 보이지 않는다. 인간들이 보이지 않지만 그러나 결국 인간들의 이야기인 소설이어서 커트 보네거트의 작품을 좋아하는 것인지도 모르겠다.
 아이디를 언제나 'vonnegut'로 정하는 것은 그런 이유에서다. 나는 언제나 보네거트가 세상을 대하는 방식을 기억하고 싶다. 소설가가 되고 나서도 마찬가지다. 언제나, 라고는 할 수 없겠지만 내 소설이 보네거트의 소설처럼 보였으면 좋겠다고 생각했다. 내 소설은 '웃겼으면' 좋겠고, '인간의 이야기가 아니었으면' 좋겠고, '그러나 결국 인간의 이야기였으면' 좋겠다고 생각했다. 늘 기억하고 싶어하는 보네거트의 구절이 하나 있다.

 허공을 가지고 허공에다 글을 쓰는 것이 허망하지 않으냐고? 내가 쓴 글은 아버지의 글, 혹은 셰익스피어, 베토벤이나 다윈의 작품에 못지않게 오래갈 것이다. 알고 보면 그들도 모두 허공으로 허공에 쓴 것이었고, 그래서 나는 지금 향기로운 대기에서 다윈의 이런 생각을 집어낸다. 진화는 퇴화보다 훨씬 더 일반적이었다.

나는 커트 보네거트가 허공으로 쓴 허공에다, 이런 말을 덧붙이고 싶어졌다. 죽음은 삶보다 훨씬 더 일반적인 것입니다. 당신이 다른 세상으로 옮겨감으로써 이곳의 허공은 더욱 커졌습니다. 그러나 우리는 결국 당신 덕분에 이 허공을 배울 것입니다. 당신이 간 그곳이, 내가 남아 있는 이곳보다 더 좋았으면 좋겠다고, 나는 생각합니다.

모든 대화를
낭독으로 해볼까

〈낭독의 발견〉이라는 프로그램이 있다. 그 제목을 처음 들었을 때 멋 부린 이름 같다는 생각을 했다. 낭독에다 '발견'이라는 단어를 붙이다니, 어울리지 않는다고 생각했다. 발견이라는 것은 숨겨진 세상의 비밀을 발견하거나, 적어도 보물을 발견하거나, 하다못해 감춰둔 비상금이라도 찾아냈을 때에야 쓸 수 있는 단어가 아닌가. 낭독이라니, 도대체 낭독에서 발견할 게 뭐가 있다고, 라고 생각했는데 뜻하지 않게 내가 낭독을 발견하고 말았다.

2008년 5월과 6월은 나에게 낭독 발견의 달이라 할 만했다. 5월에는 전 세계 젊은 작가들이 모이는 '2008 Seoul Young Writers' Festival'이라는 행사에서 낭독을 하게 됐다. 외국의 작가 세 명과 함께하는 낭독회였고, 작가가 된 이후 처음 해보는 낭독이었다. 어떤 사람들이 올까 궁금했고, 어느 부분을 읽는 게 좋을까 고민했고, 반응은 어떨까 떨렸다. 내가 쓴 소설을 읽는 것이었지만 읽다 보니 내가 쓴 소설 같지 않았다. 이야기들이 내 눈을 통해 머리를 거치고 목구멍을 울린 후 입에서 빠져나와 공기로 흩어지고 나니 전혀 다른 이야기로 변해 있었다. 다른 사람이 쓴 소설을 읽는 느낌이었다. 내 몸의 일부분은 내게서 빠져나와 관객석으로 스며들었다. 그렇게 나는, 나의 낭독을 듣고 있었다. 내 이야기가 어떻게 들리나, 나는 무슨 이야기를 하고 있나, 그런 것을 듣고 있었다. 실수도 많이 했지만, 새로운 경험이었다. 그야말로 발견이었다.

  6월에는 두 번째 소설집 출간 기념 개인 낭독회를 했다. 한번 해봤다고 여유가 생겼다. 관객들의 얼굴을 한번 스윽 훑어보기도 했고, '그래 이 부분은 좀 더 천천히 읽는 게 효과적이겠어'라는 생각까지 하면서 소설을 읽었다. 처음으로 하는 개인 낭독회치고 나쁘지 않았다고 생각한다. 낭독회가 끝나고 집으로 돌아가는 사람들의 얼굴을 보면서 나는 '책 읽어주는 일'의 숭고함에 대해 생각했다. 내 이야기를 궁금해하는 사람들에게, 귀를 쫑긋 세워 내 쪽으로 향하게 한 사람들에게, 나의 이야기를 들려줄 수 있다는 것이 얼마나 영광스러운 일인지 생각했다.

  낭독회를 끝마치고, 나는 가끔 모든 대화를 낭독으로 하면 어떨까 생각해보았다. 누군가 낭독할 때 우리는 이야기를 가로막지 않는다. 내 의견이 맞다고 우기면서 상대방의 의견을 끊지 않는다. 나는 낭독을 하면서 다른 사람의 말을 듣는 법을 배운 것 같다. 낭독의 발견이었다.

136명에서 142명쯤

소설을 한 편 끝내고 나면 꼭 혼자서 술을 마시며 영화를 보게 된다. 이제는 일종의 공식 같은 게 돼버렸다. 출판사에 원고를 보내고 작업실에 혼자 앉아 하이네켄이나 호가든 같은 맥주를 홀짝거리면서 주성치나 빌 머레이가 등장하는 코미디 영화를 보고 있으면 그렇게 행복할 수가 없다. 무엇보다 몇 시간 전까지 끙끙대며 썼던 소설의 내용을 깡그리 잊어버릴 수 있어서 좋다. 첨예한 정치적 문제를 다루거나 전 지구적인 환경 문제 같은 걸 소설로 쓰는 스타일은 아니지만, 어쨌거나 소설을 쓴다는 것은 꽤 머리를 써야 하는 일이기 때문에 원고를 마칠 즈음이면 한꺼번에 피로가 몰려오게 마련이다. 그럴 때면 코미디 영화만큼 좋은 게 없다. 얼마 전에는 소설 한 편을 끝내고 다큐멘터리 영화를 보게 됐는데 코미디 영화보다 더 웃긴 장면을 만나는 행운을 잡았다.

다큐멘터리의 제목은 〈No Direction Home〉이었고, 뮤지션 밥 딜런의 삶과 음악을 다룬 마틴 스콜세지 감독의 작품이었다. 제목으로 보나 감독으로 보나 밥 딜런의 음악 스타일로 보나 우스운 장면이 전혀 등장하지 않을 영화처럼 보였지만 한창 전성기를 구가하던 밥 딜런의 인터뷰 장면은 보는 내내 배꼽을 쥐어틀게 만들었다. 기자회견장에 모인 기자들은 심각한 표정으로 질문을 하고, 밥 딜런은 시종일관 시큰둥하게 장난을 친다. 이런 식이다.

기자 : 당신의 노래에 나오는 오토바이는 뭘 의미하나요?
밥 딜런 : 오토바이를 좋아해요. 모든 사람들이 오토바이를 좋아하잖아요.
기자 : 당신이 분류되는 걸 싫어하는 건 알지만 30세가 넘은 사람들을 위한 당신의 역할이 무엇인지 말씀해주시겠습니까?
밥 딜런 : 우선 전 30세 이하로 분류되고요. 제 역할은 가능한 여기서 오래 버티는 거죠.

밥 딜런은 농담을 좀 아는 사람이었다. 그가 답변을 할 때마다 여기저기서 킥킥대는 웃음소리가 터져 나왔다. 그중에서도 가장 압권인 대답이 있었다. 나는 이 장면을 보다가 뒤로 넘어갔다.

기자 : 당신이 걷고 있는 그런 음악 분야의 사람들은 얼마나 되며 저항 가수, 즉 자신의 음악을 이용하여 사회를 비판하는 음악가는 몇 명이나 됩니까?

밥 딜런 : 몇 명이나 되냐고요? ……136명쯤 있어요.

기자 : 정확히 136명이라는 겁니까?

밥 딜런 : 한 136명에서 142명쯤?

이런 걸 두고 '우문농답愚問弄答'이라 해야 하지 않을까 싶다. 얼굴색 하나 변하지 않고 진지하게 대답하는 밥 딜런의 표정이 볼 만했다. 하기야 그 기자의 고충도 이해 못할 바는 아니다. 좀 멍청한 질문이긴 했지만

그 기자는 정말 그게 궁금했던 것인지도 모른다. 정확한 숫자가 나오면 기사 쓰기가 훨씬 쉬워질 테니까 말이다. 어쩌면 다음날 신문에 '특종, 현재 미국의 저항 가수는 총 136명에서 142명 사이, 밥 딜런의 충격 고백'이라는 제목의 기사가 실렸을지도 모르겠다. 역시 코미디가 따로 없다.

숫자에 대한 이야기가 나와서 말인데, 나는 지독하게 숫자에 약한 편이다. 무언가를 어림짐작했을 때 그 수를 맞혀본 경우가 거의 없다. 대학생 시절 커피숍에서 아르바이트를 할 때 "오늘 손님 많았나? 몇 명이나 왔어?"라고 사장이 물어보면 "글쎄요, 한 50명?"이라고 대답을 했지만 실제 전표 상의 손님은 200명이 넘는 경우가 허다했고, 상암 축구경기장에 처음 갔을 때 '축구장이 뭐가 이렇게 작아? 이래서는 1만 명도 못 들어오지 않겠어?'라고 생각했는데 실제 수용 관중 수는 6만 명이 넘었다. 계속 이런 수모를 당하다 보니 어느 순간부터 어림짐작을 포기하게 됐다. 그리고 어떤 숫자를 들어도 귓등으로 반사해버리는 경우가 많아졌다. 올해 명절의 총 귀성객 수는 1천7백만 명이랍니다. 많네요. 올여름 해운대에는 50만 명의 피서객이 모였답니다. 역시, 많네요. 중국의 명절 귀성객은 20억 명이랍니다. 좀, 많네요.

봉준호 감독의 영화 〈괴물〉이 개봉 21일 만에 1천만 명의 관객을 동원했다는 뉴스를 들었다. 자꾸만 관객 동원 1천만이 넘는 영화들이 등장하다 보니 1천만이라는 숫자에도 둔감해진다. 하지만 생각해보면 어마어마한 숫자다. 대한민국의 총인구가 4천8백만 정도니까 그중에서 실제 영화를 관람할 수 있는 사람을 추려내고, 영화를 두 번 본 사람을 빼고, 영화를 보다가 뛰쳐나온 사람을 빼면, 실제 〈괴물〉을 본 사람은…… 내가 계산해낼 리가 없다. 어쨌거나 어마어마한 숫자일 것이다. 어째서 그 많은 사람들이 똑같은 영화를 봐야 하는지, 꼭 봐야 하는 건지, 왜 보고 싶어한 건지는 알 수 없지만 조금 무섭다는 생각이 들었다. 영화관을 독점했다든지, 다른 영화들의 가능성을 막고 있다든지, 그런 말을 할 생각도 없고 할 입장도 아니지만 가끔씩 그 1천만이라는 숫자가 무섭다는 생각이 든다. 그건 이미 내가 상상할 수 있는 숫자가 아니다. 그런 상상도 해본다. 내 소설을 1천만 명이 읽는다면? 아마도 너무 부끄럽고 송구스러울 것 같다. 그런 숫자를 감당할 수 있는 사람은, 혹은 장르는, 따로 있는 것 같다는 생각이 든다.

얼마 전 이태원의 재즈 클럽 '올댓재즈'에 놀러갔다. 정말 오랜만에 가보는 재즈클럽이었다. 금요일 저녁이어서 퓨전 재즈밴드 '웨이브'의 공연이 있었는데 두 시간 반 동안 지루할 틈이 없었다. 좁은 클럽에 사람들이 빼곡하게 들어찼다. 서 있는 사람도 많았다. 관객의 숫자는 아마도 136명에서 142명쯤 됐던 것 같고, 모두들 신나게 재즈를 즐겼다. 정말 연주를 잘하는 밴드였다. 그중에서도 기타리스트 한현창의 연주와 표정이 인상 깊었다. 그의 표정이 아직도 눈앞에 생생하다. 그는 관객을 보지 않고, 기타도 보지 않고, 자신의 손가락도 보지 않고, 먼 곳을 바라보면서 기타를 연주했다. 자신의 기타 소리를 느끼는 그의 표정이 재미있어서 나는 공연 내내 그의 얼굴을 보았다. 공연 도중 기타줄 하나가 끊어지는 사고가 있었지만 기타리스트와 밴드 모두 재미있어했다. 관객들도 재미있어했다.

공연이 모두 끝났지만 관객들은 앙코르를 외쳤다. 앙코르를 외치는 136명에서 142명쯤 되는 그 사람들과 함께 나도 앙코르를 외쳤다. 뭔가 함께하고 있다는 생각이 들었다. 아마도 그건 관객의 수가 136명에서 142명쯤이기 때문에 가능한 것인지도 모른다. 오랜만에 느낀 짜릿함이었다. 다음부터는 소설을 끝내고 나면 공연장을 찾아가볼 생각이다. 작업실에서 먹는 것보다 맥주 값은 좀 들겠지만 세상에는 코미디 영화보다 더 재미있는 것들도 많으니까 말이다.

평생 몇 잔의 맥주를 마시게 될까,
평생 몇 명의 친구를 만나게 될까,
평생 얼마의 돈을 벌고, 또 쓸까.
숫자로 생각하면,
　　　　가끔은 모든 게 허망하다.

방수 기능 없는
마흔 살의 어깨

 이 글을 시작하는 지금 인터넷이 난리다. 애플의 스티브 잡스 선생님께서 새로운 아이폰(이름 하여 아이폰 4G)을 발표하시었고, 모두들 넋 나간 표정으로 '신상'의 아름다움을 찬양하고 있다. 아이폰 유저는 아니지만 아이팟과 맥의 유저로서 아이폰 4G(어지간하면 이제는 아이폰 사지?의 약자라고 하던가)를 두 팔 벌려 환영한다. 새로운 제품들을 만날 때마다 스티브 잡스와 동시대에 살고 있다는 게 행운이라는 생각이 든다.
 우리의 전 세대가 비틀스와 존 레논의 새 앨범을 기다렸다면, 우리 세대는 맥과 아이팟과 아이폰의 새로운 모델을 손꼽아 기다린다. 그의 프레젠테이션은 비틀스의 콘서트와 다를 게 없고, 그가 입는 터틀넥과 청바지는 그 어떤 록그룹의 패션보다도 우리를 흥분시킨다.(인터넷에는 스티브 잡스 옷 갈아입히기 게임도 있더라.) 앞으로도 우리는 아이팟/폰의 새로운 세대가 나오는 걸 지켜보면서 나이를 먹어갈 것이다. 1세대, 2세대, 3세대, 4세대가 발매되는 걸 보면서 시간이 흐른다는 것을 깨달았고, 5세대, 6세대의 제품이 등장하는 걸 지켜보면서 우리는 우리가 늙어가고 있다는 걸 느끼게 될 것이다. 그나마 다행인 것은 아이팟/폰의 진화 속도가 우리보다 훨씬 빠르다는 건데, 2001년 10월에 등장한 아이팟 1세대는 이제 박물관에서나 볼 수 있을 정도로 구닥다리가 되어버린 반면, 1971년에 등장한 김중혁은 마흔이라는 나이에도 불구하고 아직까지 쌩쌩하다. 쌩쌩하다고는 해도 민망하기도 하다. 아이폰은 4세대에 이르기까지 수많은 기능을 새롭게 장착했는데, 40에 이르기까지 나는 내 마음에다 뭘 더했나 싶다.

아이팟/폰 1세대가 발명되던 시절, 그러니까 내가 3G(서른 살)이던 무렵, 새롭고 획기적인 아이디어로 세상을 깜짝 놀라게 하고 싶었던 나는, 머리를 쥐어짜면서 매일 하나씩 새로운 발명품을 만들어냈다. 말이 되지 않는 발명품들, 전혀 쓸모없어서 아무도 거들떠보지 않는 발명품들, 필요보다는 불필요가 더 많은 발명품을 매일 생각해냈다. 사람 한 명이 태어날 때마다 가장 나이가 많은 한 명이 자동으로 죽는 인구제한기(으악, 끔찍해!), 모자 창에 팬을 달아 담배 연기를 흡수 저장한 다음 그 연기로 너구리를 잡는 일석이조 담배 연기 흡수 모자(말이 되냐 이게?), 각국이 보유한 모든 미사일에 팝콘 기계(나 뻥튀기 기계)를 설치하여 가난한 나라에 쏘아올린 뒤 배고픈 자들을 귀신같이 찾아내 하늘에서 팝콘이나 뻥튀기 과자를 비처럼 쏟아 붓는 GPS(Global Peace System), 더러워진 돈을 깨끗하게 씻어주고 말려주는 돈세탁기 같은 발명품을 매일매일 생각해냈다. 얼마나 할 일이 없었으면 이런 생각들을 끊임없이 할 수 있었을까 싶다. 내가 생각해낸 200여 개의 발명품 중에는 실제로 개발된 것도 있고(예를 들면 음주운전 측정 장치가 달린 자동차), 개발하면 정말 좋을 것 같은 발명품도 있지만(예를 들면 인터넷에서 다운받은 그림을 티셔츠에 프린트해주는 기계), 대체로 쓸모없는 발명품들이어서 나조차도 거의 다 잊어버렸다.

언젠가 이런 발명 아이디어로 책을 내도 괜찮을 것 같다는 생각을 하긴 했다. 한발 늦었다. 요네하라 마리의 『발명 마니아』를 보는 순간 절망하고 말았다.

책의 내용은 내가 세웠던 계획과 거의 비슷하다. 『미식견문록』이나 『올가의 반어법』 같은 책을 펴내 한국에도 잘 알려진 동시통역사이자 작가 요네하라 마리가 〈선데이 마이니치〉에 연재한 것을 모았는데, 글도 경쾌하고 그림도 재미있어서 만화책을 볼 때처럼 키득거리게 된다. 하지만 그 이면에는 지루한 세상에 대한 미묘한 비아냥 같은 게 녹아 있어서 섬뜩한 기분이 들기도 한다. 목걸이나 안경에 GPS를 부착해 유괴를 방지할 수 있는 기계라든지, 많은 사람들이 두 손 들고 환영할 만한 대머리 예방법, 연휴가 줄어들지 않는 달력 같은 것은 재미도 있고 의미도 있어서 지금 당장 발명되어도 손색이 없을 것 같다.

글을 읽고 있으면 요네하라 마리를 꼭 한번 만나보고 싶다는 마음이 간절하다. 이런 사람과 카페에 앉아서 얘기를 하다 보면 시간 가는 줄 모를 것이다. 얘기를 하다가 발명 배틀 같은 거라도 벌이면 좋겠다. 한 사람이 발명을 이야기하면, 상대방이 그 발명과 비슷한 새로운 발명을 이야기하는 거다. 하지만 그녀는 안타깝게도 2006년 쉰여섯의 나이로 세상을 떠나고 말았다.

요네하라 마리의 발명과 내 발명 중에는 비슷한 게 꽤 많다. 발명품이 비슷하다기보다는 발명품을 생각해내는 과정이 비슷하다.

내가 생각한 발명 중에 '에스컬레이터 결혼식'이라는 게 있었다. 길고 지루한 결혼식장에서 생각해낸 발명이었다.

① 주례와 신랑과 신부가 상행선 에스컬레이터에 탄다.
② 주례사는 상행선에서 끝낸다.
③ 주례사를 모두 들은 신랑과 신부는 하행선을 타고 내려오며 행진을 한다.
④ 결혼식이 끝나고 신랑과 신부는 지하철을 타고 신혼여행을 떠난다.

요네하라 마리의 발명 중에 이런 게 있다. 초간단 장례식이다.

① 사람이 죽는다.
② 화장장에 옮기는 수고를 덜기 위해 이동식 화장장이 탑재된 영구차에 유해를 싣는다.

③ 영안실에서 묘지로 가는 동안 유해는 재가 된다.

④ 묘지에 도착하면 영구차 뒷문을 열고 유골을 유골함에 수습하는 의식을 치른다.

내가 보기엔 둘 다 괜찮은 아이디어 아닌가 싶다. 요네하라 마리의 발명에 비한다면 내 발명은 좀 더 실행 가능성이 떨어지긴 하지만 말이다.

요네하라 마리가 마흔 즈음에 오십견을 겪고 나서 쓴 글이 있다. 오십견과 난소암을 겪은 요네하라 마리가 고통을 참으며 귀엽게 툴툴거리는 게 재미있다. 난소암 수술을 받은 후로 왼쪽 사타구니가 피로해져서 고통이 심해지자 요네하라 마리는 통증에 이름을 만들어주었다. 통증에 '다리 오십견' 즉 '오십지肢'라는 이름을 붙이고 나자 마음이 편안해졌다는 거다. 그녀는 결국 난소암으로 세상을 떠났다. 자신의 고통과 병에 대해 이렇게 여유로울 수 있으니 초간단 장례식 같은 걸 생각해낼 수 있었던 게 아닐까 싶다. 그녀의 장례식이 어떻게 치러졌는지도 무척 궁금하다.

요네하라 마리가 오십견의 고통을 겪으며 쓴 하이쿠가 있다. 하이쿠니까 역시 짧다. 전문을 소개한다.

꽃을 피우는 마흔 살의 어깨에 스며드는 비

남의 일 같지가 않다. 직업이 직업이다 보니 어깨가 자주 딱딱해진다. 스트레칭도 열심히 하고 정기적으로 운동도 하지만 역부족일 때가 많다. 극도로 긴장해서 글을 쏠 때는 괜찮지만(네, 저도 그럴 때가 있습니다!) 일이 끝나고 나면 어깨가 딱딱해져 있다. 요네하라 마리의 하이쿠를 벽에 붙여놓고 어깨가 딱딱해질 때마다 읽으면 긴장이 조금 풀리지 않을까 싶다. 아니면, 저 하이쿠를 응용해서 나만의 하이쿠를 하나 지어볼까.

방수 기능 없는 마흔 살 4G의 어깨에 스며드는 비

2001년 12월 16일 16시 11분•

평소 잘 알고 지내는 사이도 아니었는데 동네 경찰서장님께서 편지 한 통을 보내왔다. 2002년 월드컵을 맞아 주민들에게 파이팅이라도 보내려는 걸까 싶기도 했고 나도 모르는 사이에 어디선가 사고라도 친 게 아닐까 싶어 순간 가슴이 덜컥거리기도 했다. 받는 사람에 내 이름 석 자가 정확하게 인쇄된 걸로 봐서 나를 노리고 있는 게 분명했다. '몇 동 몇 호 거주자님'이나 '고객님'이라는 모호한 수취인 표시의 편지들과는 질적으로 다른 편지란 얘기다.

나는 떨리는 마음으로 봉투를 열었지만 그 편지는 봉투란 게 아예 없는, 봉투가 속지이며 속지가 봉투인 그런 편지였다. 3단으로 접힌 편지를 펼치는 순간, 그 속에는 놀랍게도 내 사진이 들어 있었다. 아니, 정확히 말해서 나인지 누구인지 알 수 없는, 그렇지만

•
지금으로부터 무려 10년 전에, 2002년 월드컵도 치르기 전에 쓴 글이다. 사진이 생애 결정적 순간을 포착하는 것처럼, 글도 생애 결정적 생각을 포착한다. 삶이 바뀌듯 생각의 흐름도 바뀌게 마련인데, 오래전에 쓴 글을 읽을 때마다 내가 어떻게 바뀌었는지 실감하게 된다.

나로 추정되는 사람의 사진이었다. 그게 내 사진인 걸 어떻게 알았냐 하면 바로 자동차 번호 때문이었다. 거친 입자가 점점이 박힌 흑백의 그 사진은 자동차 번호판만 유독 환하게 빛을 발하고 있었다. 내 자동차 번호가 한 자 한 자 또렷하게 빛나고 있었다. 젠장, 무인 카메라에 과속 차량으로 적발된 것이다.

그 편지(라고 말하기에도 뭣하지만)에는 적발된 장소와 시간이 쓰여 있었다. 그리고 친절하게도 내가 달린 속도가 정확하게 기록돼 있었다. 70킬로미터가 제한 속도였는데 나는 자그마치 90킬로미터라는 속도로 그곳을 통과했다. 그런데 아무리 생각해봐도 그 시각 그곳을 지나간 기억이 나지 않는다. '구체적 순간 기억상실증'이라 부를 수 있을 만큼 형편없는 기억력을 가진 나이긴 해도 어떻게 시속 90킬로미터의 쾌감을 기억해내지 못할까 싶은 생각이 들어 뭔가 잘못됐다는, 조작된 사진이 분명할 것이라는 데까지 생각이 미쳤다. 그리고 차근차근 그날의 기억을 되살려봤다.

그날은 그저 평범한 날이었다. 많고 많은 평범한 날들 중 하루였다. 그래서 기억하기가 쉽지 않았다. 뭘 했던가. 달력을 보니 일요일이었다. 일요일이니까 당연히 늦게 일어나 늦은 아침을 먹었겠지. 그리고 겨울철이라 프로야구 중계도 하지 않는, 가장 재미없는 프로그램만 방송하는 2시쯤 담배를 사러 밖으로 나갔겠지. 아, 그러고 보니 그날 특별한 일이 있긴 했다. 서울역으로 가야 하는 친구를 차로 배웅해줬다. 납부 고지서에 표시된 시각은 16시 11분. 서울역에

서 일산으로 돌아오던 그 시간이 맞는 것 같다. 장소는 장항IC 호수공원 방향 500미터로 되어 있다. 내가 잘 다니지 않는 길이다. 곰곰이 생각해보니 그날따라 길이 많이 막혀 돌아가는 길을 선택했던 것 같다. 운명은 그렇게 내가 모르는 곳에서 날아들어 뒤통수를 치는가 보다.

그런 생각이 모두 끝난 다음에야 사진에 눈이 갔다. 그런데 그 사진에 찍힌 내 모습이 참 기묘했다. 얼굴 전체가 보이진 않았지만 턱 선이 희미하게 보였다. 평소의 모습보다 턱 선이 조금 내려와 있어 입을 벌리고 있었던 것 같다. 웃고 있었을까? 아니면 하품을 하고 있었을까? 아니면 노래를 부르고 있었던 걸까? 그리고 두 팔은 핸들을 정확히 잡고 운전에 몰두하고 있었다. 2001년 12월 16일 16시 11분, 나는 그런 모습으로 살아가고 있었다. 집에 돌아와서 시계를 보고는 아마 깜짝 놀랐겠지? 저녁 7시가 지나면서 마음은 점점 초조해지고 갑자기 할 일이 생각나면서 허둥거리기 시작했겠지? 여유 있게 뭔가 할 수 있는 일요일의 시간이 이제 얼마 남지 않았다는 생각이 들면서 책도 읽고 싶어지고 영화도 보고 싶어지고 그랬겠지? 그러다 새벽 2시까지 컴퓨터 오락만 하다가 '아, 나는 정말……' 하고 한숨을 쉬면서 침대 위로 올라갔을 것이다. 시간은 그렇게 흘러갔을 것이다. 그런 생각을 하며 운전하는 내 모습을 다시 보니 참 쓸쓸한 사진이었다. 사진에서 하나 아쉬운 점은 내 옆자리에 뿌연 안개 처리가 돼 있어 전체적인 분위기를 망쳤다는 점이다. 뭐랄까, 참 쓸쓸한 사진이었는데 그 안개 처리 때문에 사진에 몰입이 되지 않는다.

웃기는 소리겠지만, 그리고 오버센스라며 비웃을 사람이 많겠지만 그 사진을 보는 순간 나는 앙리 카르티에 브레송이라는 사진작가가 떠올랐다. 일생 동안 소형 카메라만을 사용하여 인간의 삶을 관통하는 작품을 남겼던 그의 사진과 2001년 12월 16일 16시 11분 장항IC 호수공원 방향 500미터 지점에서 무인 카메라가 찍은 사진에는 뭔가 일맥상통하는 부분이 있는 것 같았다.

브레송이 찍은 사진을 흔히 '캔디드 사진 candid photo'이라 부르는

데, 그 사전적 정의는 이렇다. 찍히는 사람이 눈치 채지 않게 자연스러운 그대로의 생생한 현장을 포착한 사진. 말하자면 나도 모르게 나의 흔적을 누군가 사진으로 남기는 것이다. 앙리 카르티에 브레송은 그런 사진들을 모아 『결정적 순간』이란 이름의 사진집을 펴내기도 했다. '결정적 순간'이라니, 무인 카메라의 특성과도 너무나 어울리는 말 아닌가? 무인 카메라는 내 차의 번호판이 지나는 순간을 놓치지 않고 '결정적 순간'을 포착하니까 말이다.

  삶의 쓸쓸한 순간을 포착한 사진이란 점에서 무인 카메라가 찍은 그 사진이 앙리 카르티에 브레송보다는 안드레 케르테츠라는 사진가의 작품과 더 어울릴지도 모르겠다. 나는 브레송이 찍은 '결정적' 순간'보다는 케르테츠가 찍은 '결정적 순간'에 더 마음이 끌리는데 그 이유는 케르테츠의 사진이 좀 더 무심하다는 점 때문인 것 같다. 좀 덜 결정적인 순간이더라도 생의 이면에 숨겨진 쓸쓸함이 녹아 있는 사진이 더 마음에 드는 것이다. 브레송은 '결정적 순간'에 대해서 이렇게 말했다.

  결정적 순간이란 셔터를 누르는 순간에 모든 것이 결정돼야 한다. 선이나 면, 또는 톤, 색의 농담 등이 리드미컬한 흐름을 지니며 작가의 감정과 일치된 순간, 그것은 후에 가서도 트리밍한다든가 하는 식으로 변경될 수 없는 절대의 순간이다. 이 순간을 포착하는 게 바로 결정적 순간이다.

하지만 내 생애 이런 결정적 순간이 사진에 담길 확률은 수억만 분의 1쯤이 되지 않을까? 사진 찍히는 걸 그다지 좋아하지 않는 나로선 무인 카메라가 찍어놓은 '덜 결정적 순간'이 그래서 꽤 맘에 들었다. 다시 한 번 말해서 미안하지만 뿌연 안개는 빼고.

폴 오스터의 멋진 소설 「오기 렌의 크리스마스 이야기」를 보면 매일 똑같은 장소에서 아침 7시 정각에 12년 동안 사진을 찍은 '오기 렌'이란 인물이 등장한다(이 소설을 각색해서 만든 영화 〈스모크〉에도 등장하며 하비 카이텔이 멋지게 연기했다). 그는 소설 속 폴 오스터에게 4천 장이 넘는 똑같은 프레임의 사진을 꺼내놓는다. 폴이 사진집을 빨리 넘기자 그는 이렇게 말한다.

"너무 빨리 보고 있어. 천천히 봐야 이해가 된다고."

그는 매일 조금씩 달라지는 거리, 매일 조금씩 변하는 계절, 매일 조금씩 변하는 사람들의 표정을 보여주고 싶었던 것이다. 개인의 역사란 결정적 순간이 아닌 '덜 결정적 순간'으로 이뤄진 것이 아닐까? 내가 지금 여기서 살고 있구나 느끼는 것은, 내가 지금 삶의 어떤 터널을 빠져나가고 있구나 느끼는 것은, 결정적 순간이 닥쳤을 때가 아니라 덜 결정적 순간을 어느 순간 깨달았을 때다. 내가 매일 16시 11분에 장항IC 호수공원 방향 500미터 지점을 시속 90킬로미터의 속도로 달려서 무인 카메라에 똑같은 프레임의 사진이 찍힌다면 그것도 멋진 일일 것 같다. 누군가 내 얼굴을 매일 똑같은 시간에 찍어주진 않을 테니 그렇게라도 내가 지금 어떻게 살고 있는지를 깨달을 수 있다면, 나의 시간이 어떻게 흘러가고 있는지 알 수 있다면 그것도 참 멋진 일일 것 같다. 그렇게 된다면 아마도 내가 벌고 있는 모든 돈을 경찰서에 범칙금으로 지불해야겠지만 말이다. 그래도 단골손님이 되면 좀 깎아주지 않을까?

무인 카메라가 찍은 사진이 첨부된 통지서는 일종의 경고장 같은 것이었다. '이런 사진이 찍혔다. 그리고 당신이 범인인 것 같다. 불만이 없다면 곧 납부 고지서를 발행할 것이다'라는 메시지를 담은 경고장. 2001년 12월 16일의 상세한 내 행동을 기억해냈으니 불만이 있을 리 없다. 내가 왜 그 시각 시속 90킬로미터까지 과속을 했는지는 모르겠다. 가슴이 답답했겠지, 아니면 멍한 눈으로 아무 생각 없이 액셀러레이터를 밟았겠지, 어쨌든 뭔가 있었겠지. 그런 생각이 들었으니 불만이 있을 리 없다.

얼마 뒤 우편함에 과태료 납부 고지서가 배달돼 있었다. 사진도 없고 아무런 글귀도 없는, 경찰청에서 발부된 사무적인 '과태료 납부 고지서 및 영수증'이었다. 고지서와 영수증을 받고 나니 무인 카메라가 찍은 그 사진이 마치 유원지의 떠돌이 사진가한테 찍은 장당 몇천 원의 스냅사진 같다는 느낌이 들었다. 물론 떠돌이 사진가들은 절대 후불로 해주지 않겠지만 말이다. 내 얼굴도 제대로 보이지 않는 그 사진을 나는 벽에다 예쁘게 붙여뒀다. '도로교통법 제115조의 2의 규정에 의한 과태료'로는 4만원이 책정돼 있었고 납부기일은 2월 18일이었다. 과태료는 인터넷으로 납부할 수도 있었다.

과태료 고지서를 무인 카메라 사진 옆에다 붙였다. 그렇게 붙여두고 보니 다시 조금 쓸쓸해졌다. '사는 게 참……' 하고 혼자서 혀를 차기도 했다. 이 원고를 쓴 대가로 받을 원고료의 일부는 아마도 2001년 12월 16일 16시 11분에 찍은 내 사진 값으로 쓰일 것 같다. 사는 게 참…….

별것 아닌 것 같아도
도움이 되는
레이몬드 카버의 최첨단 기술

나도 장학금을 받아본 적이 있다. 대학 시절이었다. 4년 내내 평균 학점 4.3(4.5 만점 기준)을 유지하며 학교를 거의 공짜로 다니다시피 하는 학생들이 너무나 부러워 근로장학금을 신청했다. 근로장학금이란 말 그대로 근로와 장학금을 맞바꾸는 것이었다. 그때나 지금이나 그걸 왜 장학금이라고 부르는 것인지, 어째서 '학내 아르바이트' 같은 이름으로 부르지 않는 것인지 이해할 수 없다. 장학금이란 모름지기 성적이 우수한 학생들에게 주어지는 것이 아닌가. 나의 성적은 밑바닥이었다. 공부를 잘하는 학생들은 '근로'에 관심이 없기 때문에, 나처럼 우왕좌왕하는 학생들에게도 기회가 주어지는 것이라는 생각이 들었다. 고마워라. 아무튼 근로장학금에는 여러 종류가 있었는데, 내가 선택한 종목은 도서관에서 일하기였다. 누군가 책을 반납하면 그 책을 원위치로 돌려보내고 새로 들어온 책 뒤에는 대출증(아, 그리워라, 대출증의 시대여)을 꽂고 가끔 도서관 바닥을 걸레로 쓱싹쓱싹 밀어 반짝반짝 광을 내는 일 따위를 했다. 자세히 기억나지는 않지만 하루에 두 시간 정도 일을 했던 것 같고, 수입은 생각했던 것보다는 많았던 것 같다.

도서관에서의 근로가 끝나면 나는 마땅히 할 일이 없었으므로 의자에 앉아 책을 보았다.* 아무 책이나 꺼내 들고 조금 읽다가 싫증이 나면 다른 책으로 옮겨갔다. 소설도 많이 읽었고 시도 열심히 읽었다. 매일 책을 읽다 보니 좀 더 계획적으로 책을 읽어야겠다는 생각이 들었고, 그러던 차에 눈에 띈 '문학과지성 시인선'을 1권부터 하루에 한 권씩 읽어내겠다는 멍청한 시도를 한 적도 있었다. 곧 시에 질렸다. 그렇게 도서관의 책장을 배회하다 발견한 것이 '세계문학전집'이었다. 출판사도 기억나지 않고, 번역자가 누군지도 잊어버렸다. 그때 읽었던 작품 가운데 하나가 레이몬드 카버의 단편소설 「대성당」이다. 그 작품을 읽고 나는 소설가가 되기로 마음먹었다,고 지금은 생각하는데 그때도 그랬는지는 솔직히 자세히 기억나지 않는다. 충격을 받았던 것은 사실이다. 소설의 마지막 부분, 주인공 남자와 맹인이 함께 대성당을 그리는 장면을 읽으면서 내 마음의 무엇인가 꿈틀거렸다. 소설이란 마땅히 이러해야 한다는 생각이 들었다. 소설의 마지막 대사처럼 '이거 진짜 대단하군' 하는

●
대학 시절, 아무런 목표 없이 읽었던 책이야말로 오랫동안 기억에 남는다. 특별한 목적 때문에 읽는 책은 머리에 쌓였다가 금세 녹아 없어지지만 아무런 목적 없이 읽는 책은 평생 가슴속에 남는다.

생각이 들었다. 나는 국내에서 레이몬드 카버를 아는 몇 안 되는 사람 중 한 명이라는 사실에 가슴 뿌듯했다.

  소설가가 되고 나서 레이몬드 카버를 다시 읽었을 때는 존경의 마음이 질투로 바뀌었다. 특히 「별것 아닌 것 같지만, 도움이 되는」이라는 단편을 읽었을 때는 한동안 마음이 울적했다. 그건 내가 쓰고 싶었던 이야기였다. 아니, 내가 쓰고 싶은 이야기라기보다 내가 그리고 싶었던 세계였다. 「별것 아닌 것 같지만, 도움이 되는」을 다 읽고 책을 덮으면 귓가에 빵집의 기계 소리가 선명하게 들린다. 그리고 눈을 감으면 코끝으로 진한 빵 냄새가 밀려든다. 무엇인가 따뜻한 기운이 내 몸을 덮는다. 나는 눈을 압도하는 소설이 아니라 귀와 코와 피부를 압도하는 소설을 쓰고 싶었다. 과학이 끝없이 발전하여 (그러길 바라진 않지만) 귀와 코와 피부를 압도하는 소설의 시대가 올지도 모른다. 공장이 배경일 땐 기계 소리가 들리고, 빵집이 배경일 땐 빵 냄새가 맡아지고, 겨울이 배경일 땐 피부가 닭살로 변하게 되는 시대가 오는지도 모른다.

  하지만 평면의 공간에다 잉크를 발라 만드는 이 놀라운 '입체 가공술'을 능가하긴 힘들 것이다. 소설 속에서 느껴지는 감각들은 실상 감각의 문제가 아니라 세계관의 문제이기 때문이다. (여러가지 설이 있긴 하지만) 레이몬드 카버는 「별것 아닌 것 같지만, 도움이 되는」을 쓰기 전에 이야기의 앞부분만을 담은 「목욕」이라는 단편을 쓴 적이 있다. 같은 이야기이지만 두 소설의 세계는 완연히 다르다.

한쪽이 콘크리트의 세계라면, 다른 한쪽은 부푼 빵의 세계다. 한쪽이 벽돌을 쌓아 만든 공간이라면, 한쪽은 이스트로 부풀린 숙성의 공간이다. 두 작품을 발표한 시간의 틈에서 레이몬드 카버는 많은 일을 겪었을 것이다. 나도 시간이 지나고 많은 일을 겪으면 레이몬드 카버가 사용한 것과 같은 입체 가공술을 배울 수 있을 것인가. 여전히 나는 레이몬드 카버의 최첨단 기술을 질투하고 있다. 그의 작품은 내가 쓰고 싶었던 작품이자 여전히 내가 쓰고 싶은 작품이다.

노인들은 심사숙고하여
자살을 선택한다

 부산국제영화제에서 이 글을 쓰고 있다. 영화제와는 거리가 먼 사람이지만(이번이 첫 영화제!) 친구와 함께 『대책없이 해피엔딩』이라는 영화에세이 책을 내는 바람에 여기까지 오고 말았고, 하루에 영화 두 편을 봐야 하는 강행군에 시달리고 있다. 정말이지, 지친다 지쳐. 나도 대학 시절에는 영화를 자주 보았다. 대구의 시네마테크를 전전하면서 미야자키 하야오의 애니메이션이나 기타노 다케시의 초기 작품들, 전설의 걸작이라고 불리지만, 말로 설명하기 좀 곤란하고 당최 무엇을 보았는지 표현하기조차 힘든 영화들을 하루에 서너 편씩 보면서 예술가의 꿈을 키웠는데 어느덧 20년 전의 이야기다. 이제는 영화 보는 동안 감정 소모가 너무 커서 극장을 나올 때면 팔다리에서 힘이 쭉 빠져나가고 머리도 지끈거린다.

 영화제에서 처음으로 본 영화는 〈올리 케플러의 세계는 팽창 중〉(이하 〈올리 케플러〉)이라는 영국 작품이었는데, 아니나 다를까 영화제에 초청된 영화답게 주제 의식도 묵직하고, 표현 방법도 실험적이었다. 그 작품을 보고 있으니 오래전 영화를 열심히 보던 때가 떠올랐다. 영화 한 편을 보고 나서 감독이 도대체 어떤 생각으로 이 영화들을 찍게 되었는지, 어떤 이야기를 하고 싶었던 건지, 밤새 진지하게 생각하고 살벌하게 고민하던 때가 있었다. 한 편 한 편의 영화가 내게는 스토리텔링의 교재였고 꼭 다음 날 제출해야 할 숙제 같았다. 이제는 영화를 숭배하지 않지만 영화에 빚진 게 많다는 사실은 부정할 수 없다.

〈올리 케플러〉에는 관객들이 비명을 지를 수밖에 없는 장면이 하나 등장하는데, (이하 스포일러 포함) 절대로 한국에 수입되지 않을 것 같은 영화이기 때문에 그 장면을 공개하겠다. 주인공 올리 케플러는 여자친구의 죽음에 큰 충격을 받은 후 점점 미쳐가고, 외계인들이 자신의 머리를 얼린 다음 그 속에다 마이크로칩을 넣었다는 망상에 빠져서 전동드릴로 자신의 머리를 뚫게 된다. 관자놀이에 전동드릴을 대고 드르륵, 드르륵, 뚫어버린다. 실제로 관자놀이에 구멍이 나는 장면은 보여주지 않지만 생각만 해도 소름이 끼친다.

전동드릴이 관자놀이를 뚫고 지나가는 기분은 도대체 어떤 것일까. 아플까? 아프겠지? 많이 아프겠지? 오히려 시원할까? 그래도 그렇지, 전동드릴로? 그럼 뭐 송곳 같은 것으로 찌르면 덜 아프겠어? 그렇지 않아도 최근에 읽고 있는 책 『완벽한 죽음의 나쁜 예』 때문에 마음이 싱숭생숭하던 차에 심각한 자기 파괴 장면을 영상으로 보고 나니 기분이 더 울적해졌다.

『완벽한 죽음의 나쁜 예』는 법의학이 밝혀낸 엉뚱하고 기막힌 살인과 자살에 관한 책이다. 한마디로 황당한 죽음의 박물관이고, 죽고 싶었지만 마음대로 죽지 못했던 멍청한 자살 미수자들의 사례 모음집이다. 자살과 살인을 다루고 있지만 책은 놀라울 정도로 재미있고 유쾌하다. 자살을 다루고 있는 책이 이렇게 재미있어도 되나 싶을 정도로 유쾌하다. 책에 등장하는 사람들이 왜 죽으려고 하는지는 자세하게 알 수 없지만(이 책은 자살의 이유를 알려주는 심리학 책이 아니다) 어떤 방식으로 죽고 싶어하는지는 자세하게 알 수 있다. 칼로 자신의 몸을 찌르고 전기톱을 이용하는가 하면, 머리에 못을 박거나(아예 못 대신 망치를 사용한 사람도 있고) 비행기를 몰고 나가 추락하는 방법(와우, 럭셔리한 자살법!)을 선택하는 사람도 있다. 올리 케플러처럼 전동드릴을 사용한 예도 있다. 〈범죄학기록〉과 〈법과학인터내셔널〉 잡지에 모두 네 건의 전기드릴 자살 사건이 적혀 있는데, 재미있는 것은 자살자들이 모두 독일의 중년 남자들이라는 점이다. 인간의 죽음을 가지고 이런 농담을 하는 건 나쁜 일일 수도 있겠지만 독일의 중년 남자들이 전동드릴로 목과 머리와 가슴을 뚫었다는 사실은 꽤 의미심장하지 않나 싶다. 어쩐지 어울리기도 하고. 하지만 전동드릴을 우울증 치료로 사용하는 예가 실제로 있었다. 머리에 구멍을 내면 우울증을 비롯한 정신 관련 질병들을 퇴치하는 데 도움이 되며 히포크라테스 역시 특정 상처에 천공술을 추천했다는 기록도 있다. 올리 케플러가 머리에 구멍을 내고 응급실에 실려 간 후부터 상태가 급속도로 좋아진 걸 보면 정말 효과가 있는 건지도 모르겠다.(소독은 필수!)

『완벽한 죽음의 나쁜 예』를 키득거리며 읽을 수 있는 이유는 죽음에 대해서 놀라울 정도로 담담하기 때문이다. 법의학자들은 죽음을 감정적으로 대하지 않고 정보와 사실만으로 묘사한다. 한 남자가 욕실에서 작은 칼로 자신의 몸을 아흔두 번 찔렀는데 중요한 혈관은 하나도 다치지 않았기 때문에 숨을 거두기까지 오랜 시간이 걸렸다고 한다. 논문의 저자들은 그 원인을 이렇게 적었다. "해부학에 관한 지식 부족"과 "날이 짧은 칼 사용". 자살을 선택한 사람은 생사를 오가며 괴로워했을 텐데 죽는 순간, 해부학에 관한 지식 부족으로 일찍 죽지 못했다는 불명예까지 뒤집어쓰게 된 것이다. 이보다 더 억울한 죽음이 있나.

수많은 죽음의 나쁜 예를 차근차근 읽다 보면, 자살 시도자들의 마음을 헤아려보게 된다. 책에는 그런 마음이 전혀 적혀 있지 않기 때문에 오히려 더 많은 마음을 상상하게 된다. 그들은 왜 죽고 싶어 했던 것일까. 어째서 극단의 죽음을 선택한 것일까. 미국의 산림 관리인 로이 설리번은 35년 동안 일곱 번이나 번개를 맞고도 매번 살아남았는데, 이 행운의 사나이는 1983년, 사랑의 상처 때문에 스스로 목숨을 끊었다고 한다.

삶과 죽음에 대한 누군가의 이유와 사연은 쉽게 상상하기 힘들고 단정하기 어렵다. 죽고 싶은 사람의 절박한 마음을 쉽게 상상해서는 안 된다. 아무리 소설 속이더라도, 아무리 영화 속이더라도 사람을 함부로 죽여서는 안 된다. 함부로 누군가의 죽음을 결정해서는 안 된다. 꼭 죽어야 할 사람만 죽어야 한다. 『완벽한 죽음의 나쁜 예』를 읽다 보면 죽음에 대한 예의를 배우게 된다.

죽음에 대한 이런저런 생각으로 뒤숭숭하던 다음 날 기타노 다케시 감독의 〈아웃레이지〉를 보았다. 〈아웃레이지〉는 거의 뭐 살인 백화점이다. 이렇게 죽이고 저렇게 죽이고 다양한 방식으로 죽고 죽이고 계속

죽인다. 영화를 보다가 죽음에 대해 무덤덤해지는 나를 발견했다. 처음에는 놀라다가 조금씩 덜 놀라다가 마지막에는 뭐, 그렇지, 또 죽는구나, 그렇지, 한 명 더. 죽음을 즐기고 있다.

『완벽한 죽음의 나쁜 예』나 〈아웃레이지〉는 죽음에 대해서 말하는 두 가지 방식이다. 죽음이란 너무 무섭고 두려우며 어떻게든 제대로 설명하기가 어려우므로 죽음에 대해서는 말하지 않기, 라는 암묵적 동의가 두 개의 작품 모두에 깔려 있는 것은 아닐까 싶다.

『완벽한 죽음의 나쁜 예』에 수록된 죽음에 대한 가장 의미심장한 통계는 나이에 따른 자살 성공률이다. 25세 미만 여성이 자살에 성공할 확률은 160분의 1에 불과하지만 65세 이상의 성공률은 3분의 1이다. 남성 노인의 성공률은 2분의 1이다. 이유는 간단하다. 노인의 자살 행위가 더 극단적이기 때문이다. 젊은이들은 충동적으로 자살을 선택하지만 노인들은 심사숙고하여 자살을 선택한다. 혹시 자살에 실패할 경우 얼마나 더 비참해질지 노인들은 아마 잘 알고 있을 것이다. 그 마음, 꼭 죽고 말겠다는 그 마음. 오랫동안 살았지만 더 이상 살아 있을 필요가 없다는 단호한 결론이 만들어낸 그 마음이 너무 비장해 보여 마음이 아프다. 그들은 더 이상 죽음을 회피하기가 힘들어서 자살을 선택하는 거겠지. 피할 수 없는 막다른 골목에 다다른 사람들이겠지. 그 골목에서 자살을 선택한 모든 사람들의 명복을 빈다.

사다리의 마지막 단

 귀신을 믿는가. 하면 믿지 않는 편이다. 믿기는커녕 귀신 이야기만 나오면 풋! 하고 웃어버리고 만다. 그래도 어린 시절에는 〈전설의 고향〉을 보면서 가슴 졸였고, 공포영화를 볼 때는 이불 푹 뒤집어쓰고 눈만 빼꼼 내민 채 보았는데 어찌된 일인지 나이가 들수록 무덤덤해진다. 텔레비전에서 귀신이 기어 나와도 시큰둥, 학교에서 목매단 여학생이 귀신으로 등장하는 영화를 보아도 그러려니, "그럼 네 등에 붙어 있는 건 누구?" 같은 겁나는 이야기를 들어도 그저 두리번, 한다. 아무래도 문제가 좀 있긴 있는 것 같다. 이게 생활에서 겁이 없어진다는 얘기와는 또 다르다. 오히려 나이가 들면서 일상적인 겁은 더 많아지는 것 같다. 정말이지, 사는 게 무섭다. 시간이 무섭고 사람이 무섭다. 지금보다 나이가 더 들면 그런 겁이 사라진다고들 하는데 그거야 겪어봐야 아는 것이고 일단은 무서울 뿐이다. 사는 게 무섭고 사람이 무서운데 귀신 따위가 무서울 리 없다.

귀신이 무섭지 않으니 모든 공포영화가 내게는 코미디다. 처녀귀신이 나타나서 "흐하하하하, 무섭지?"라고 해도 귀신의 너무나 깨끗한 소복이 마음에 걸리고(아무래도 저건 드라이클리닝 하지 않으면 불가능한 반듯함이란 말이지!), 도끼로 사람 머리를 댕강 잘라버리는 장면에서도 절단면이 얼마나 매끄러운지를 살펴보는 나로서는(매끄럽지 않으면 어쩐지 불쾌하다) 사람들이 보는 공포영화의 쾌감이라는 것이 있을 리 없다. 그래서 어느 순간부터 아예 웃자고 만든 공포영화를 선호하는 경향이 생겼다.
　〈이블 데드〉 시리즈는 나를 제대로 웃겼다. 최근에는 〈새벽의 황당한 저주〉라는 영화가 나를 웃음의 무아지경으로 몰고 갔다. 두 편 모두 좀비 영화라는 특징이 있다. 그러니까 '한恨'이라든가 '누명 쓰고 억울한 여자' 같은 설정이 없는, 아예 처음부터 대놓고 살아 있는 시체들이 등장하는 영화를 오히려 편안하게 즐길 수 있었다.
　그러다가 어느 순간 스티븐 킹이라는 작가를 만났다. 오래전부터 공포소설의 대가라느니, 수많은 작품이 영화로 만들어진 공포계의 거물이라느니 하는 수식어를 들어왔지만 그저 피식 웃고 말았다. '무서워봤자, 살 떨려봤자'라고 생각했다. 하지만 스티븐 킹 앞에서 나는 무릎을 꿇고 말았다. 내가 처음 본 그의 작품은 「사다리의 마지막 단」이라는 아주 짧은 단편이었다. 이야기는 간단하다. 오빠와 여동생은 사다리를 타고 헛간의 들보에 올라가 건초더미로 뛰어내리는 놀이를 즐겼다. 뛰어내리고 올라가고, 뛰어내리고 다시 올라가고……. 그러던 어느 날 사다리가 부서졌고, 여동생이 들보에 대롱대롱 매달리게 됐다. 그때부터 공포가 시작된다. 오빠는 여동생의 바로 아래쪽에 건초더미를 가져다 나른다. 아무런 생각도 하지 않는다. 여동생이 떨어지기 전에 더 많은 건초더미를 쌓아야 한다는 생각뿐이다. 여동생은 들보를 붙든 채 떨어지지 않기 위해 버티고, 오빠는 계속 건초더미를 나른다. 글을 읽는 순간 나는 공포를 느꼈다. 나를 놀라게 하려는 것도 아니고 귀신이 등장하는 것도 아닌데, 너무 무서워 다음 문장을 읽어나갈 수 없었다.

신비로운 경험이라고 할 수도 있다. 책 속의 묘사는 단순하다. 오빠는 계속 건초더미를 나른다고만 썼다. 속도에 대한 언급도, 한 번에 얼마나 많은 건초더미를 움켜쥐었는지에 대한 묘사도, 오빠의 마음이 어떤지에 대한 이야기도 없다. 그러나 내 마음속에서는 들보에 매달린 여동생의 두려운 마음과 오빠의 동작과 생각이 '동영상'으로 보였다.

가장 섬뜩한 공포는 한 치 앞도 보이지 않는 깜깜한 방 안을 보여주는 것이 아니다. 깜깜한 방 안에서 성냥을 켜는 순간, 아주 적은 빛만 보일 때 공포가 생겨나는 것이다. 스티븐 킹에게 그걸 배웠다. 「사다리의 마지막 단」을 읽고 난 후 스티븐 킹의 다른 소설들을 읽기 시작했다. 대부분 무서웠다. 책을 읽다 보면 누군가 뒤에 있는 것 같고, 나는 내가 아닌 것 같고, 현실이 가상 같았다. 한 권의 책 속에는 수만 편의 영화보다 더 많은 스틸 컷이, 동영상이, 목소리가 숨어 있다. 그게 내가 소설을 쓰는 이유다. 나는 지금 막 좀비가 등장하는, 무서운 소설을 쓰기 시작했다.●

●
『좀비들』이라는 제목으로 2010년에 출간되었다. 무서운 소설을 쓰려고 했지만 생각만큼 무서운 소설을 쓰지는 못했다. 죽음에 대한 이야기를 하고 싶었는데, 막상 쓰고 보니 죽음이 그렇게 무서운 것만은 아니라는 생각이 들었다. 결국 무서운 듯하다가 웃긴 소설이 됐다.

"소설은 이야기에서 출발해서
주제로 나아가야 한다."
스티븐 킹의 말이다.
삶도 마찬가지가 아닐까.
거창한 이념보다 사소한 이야기를
중요하게 생각하는 사람이
더 믿음직스럽다.

뻔뻔하고 우아한
민폐남들

　최근에 이렇게 웃어본 적이 없다. 영화 〈듀 데이트〉를 보는 내내 배꼽을 부여잡고 미친 사람처럼 웃었다. 숨이 끊어지는 줄 알았다. 이런 게 포복절도라는 거구나. 웃다가 죽을 수도 있겠구나. 신나게 웃고 났더니 배가 고프고 머리가 어질어질하다. 다 보고 나서도 몇몇 장면을 생각하면 계속 웃음이 터진다. 〈듀 데이트〉를 좋아할 사람이 많지 않다는 걸 알고 있다. 화장실 유머에 끌린다든지 기괴한 농담을 사랑하는 사람들이라면 두 손 들고 반길 영화지만 단아한 영화를 좋아하는 사람에게는 절대 권하고 싶지 않다. 이런 영화 권했다가 욕먹기 십상이다. 하지만 이 영화를 싫어할 수는 있어도 주인공 에단은 미워할 수 없다.
　에단(잭 가리피아나키스)은 한마디로 '민폐남(민간인에게 폐를 끼치는 남자)'이다. 그가 가는 곳마다 사고가 터지고, 무심코 하는 행동은 엄청난 파장을 일으킨다. 또 매번 주변 사람을 곤경에 빠뜨린다. 멀쩡한 주인공 피터(로버트 다우니 주니어)를 비행기 탑승 금지리스트에 오르게 만들고, 휠체어 탄 전역 군인에게 죽도록 쥐어터지게 만든다. 인간 폭탄이라고나 할까, 매를 부르는 사나이라고 해야 할까.

문제는 모든 걸 고의로 그러는 게 아니라는 거다. 에단은 맑은 사람이고, 투명한 사람이다. 어쩌다 보니 그의 곁에 사고가 따라다니는 것뿐이다. 지갑과 신용카드를 모두 잃어버린 피터는 아내의 출산예정일에 맞춰 가기 위해 어쩔 수 없이 에단의 차에 올라타게 되는데, 그 순간부터 최악(이자 최고)의 여행이 시작된다.

민폐남 에단 씨에게는 여러 가지 문제가 있지만 가장 심각한 건 외모다. 한 번 보면 절대 잊을 수 없다. 키가 작고 뚱뚱한 데다 지저분한 수염이 얼굴의 반을 뒤덮고 있으며 머리는 아줌마 파마 스타일이고, 패션 스타일도 테러리스트에 가깝다.(놀라운 것은 민폐남 에단 씨의 직업은 배우!) 게다가 자신을 닮은 개 한 마리를 늘 데리고 다닌다. 이렇게 생긴 사람이 그 모든 사건 사고를 일으키니 얼마나 비호감인가. 살다가 이런 사람을 만나면 어떨까. 상상도 하기 싫다. 괴롭겠지. 미치겠지. 도망치고 싶겠지. 영화를 보는 내내 고통받는 (게다가 멋지게 생긴) 로버트 다우니 주니어에게 감정이입될 수밖에 없다. 당연한 일이다.

생각해보면, 생각나는 사람들이 몇 있다. 민폐남 에단 씨 정도는 아니었지만 내 인생에도 꽤 심각한 민폐를 끼친 사람들이 있었다. 제일 먼저 생각나는 건, 고등학교 때 친구다. 이름은 기억나지 않는다. 기억하고 싶지도 않다. 선생님께 고자질을 열심히 하는 친구였고, 말이 많은 친구였다. 고등학교 1학년 때는 꽤 친했지만 어느 순간부터 멀어지고 말았다. 지금도 어딘가에서 열심히 (남의) 이야기를 하고 있을까. 회사에 다닐 때도 민폐남이 있었다. 술값 내는 거 한 번도 못 봤고, 자신의 일을 (가능하면) 누군가에게 떠넘기는 사람이었다. 민폐남을 생각하는 밤이라니, 기분이 별로 좋지 않다. 세상에, 사랑하는 사람들을 떠올려도 모자랄 판에 어쩌자고 그들을 떠올리고 있는 걸까. 그들은 어쩌다가 그렇게 살게 됐을까. 그들은 자신이 민폐남(혹은 민폐녀)이라는 사실을 알고 있을까. 알고도 그러는 걸까. 혹시 내가 누군가의 민폐남인 것은 아닐까. 누군가 내 뒤통수에다 대고 "아, 저 민폐"라고 수군거리고 있는 것은 아닐까.

민폐남 에단 씨와, 내가 만난 민폐인들의 공통점이 하나 있다. 양쪽 다 지극히 이기적이라는 것이다. 일단 자신이 살아야 하고, 남을 배려할 줄 모르며 언제나 최후의 결론은 자신이어야 한다. 차이점도 있다. 민폐인을 두 종류로 나눈다면, 긍정적 민폐인과 부정적 민폐인으로 나눌 수 있겠는데, 민폐남 에단 씨는 전자에 속하며 내가 만난 민폐인들은 후자에 속한다.

내가 좋아하는 텔레비전 드라마를 살펴보니 (이런!) 모두 민폐남들이 주인공이다. 미국 드라마 〈하우스〉의 하우스 박사는 사람 놀리는 걸 취미와 특기로 삼는 데다, 걸핏하면 환자들과 문제를 일으켜서 병원에 막대한 피해를 끼치는 사람이다. 미국 드라마 〈빅뱅이론〉의 천재 물리학자 셸던은 수백 장에 달하는 동거인 생활 지침을 만들어두고 하나라도 어긋나는 게 생기면 가차 없이 상대방을 비판하는 사람이다. 소파에서는 늘 자신만의 자리에 앉아야 하고, 운전은 하지 못하지만 누군가 자신을 학교까지 태워주어야 하고, 요일마다 자신이 원하는 음식을 먹어야 하며, (이게 가장 잔인한 건데) 옆집 사는 친구 페니의 문은 반드시 세 번 두드리며 이름을 불러야 한다.(똑똑똑, 페니, 똑똑똑, 페니, 똑똑똑, 페니) 중간에 문이 열렸더라도 셸던은 기어이 3회 반복하여 자신만의 룰을 완성한다. 한창 열심히 봤던 드라마 〈시크릿 가든〉의 김주원 사장님께서는 상대방의 말은 귓등으로도 듣지 않는 철벽 보안귀를 소유한 분으로 '가난하고 소외된 이웃'을 무시하는 일에 재미를 느끼며, 스턴트 일을 하는 여자친구의 작업장에 가서 아군을 칼로 찌르며 촬영을 망치곤 한다. 아, 정말 민폐도 이런 민폐가 없지만 밉지 않다.

  이렇게 못돼먹은 사람들이 뭐가 좋다고 주인공을 맡기는 걸까. 게다가 드라마를 보면서 열광하는 우리들은 또 뭔가. 어쩌면 민폐인들은 우리들의 판타지를 충족해주는 사람들인지도 모르겠다. 욕설을 내뱉고, 상대방의 말을 무시하고, 모든 걸 나 하고 싶은 대로 하고, 나만의 룰로 세상을 살아가고 싶지만 그럴 수 없는 우리들을 대신해서 마음껏 욕먹으며 드라마 속에서 살아가는 것이다.

  너무나 비사회적이고 모든 사람들을 곤경에 빠지게 만드는 민폐인이지만 가끔씩 그렇게 살아보고 싶다는 생각이 들었다.

〈듀 데이트〉의 후반부에는 작은 반전이 하나 나온다. (스포일러 포함이니 읽지 마세요! 라고 할 정도의 스포일러는 아닙니다만) 피터가 비행기에 두고 내린 줄 알았던 지갑과 신용카드를, 실은 우리의 민폐남 에단이 챙겨두었던 것이다. 세상에 이보다 더 심한 민폐가

없다. 편히 갈 수 있었던 길을, 사건 사고에 둘러싸여 힘들게 갔으니, 코는 깨지고 팔은 부러지고, 총까지 맞으며 갔으니 얼마나 억울할까. 에단은 외로워서 그랬을 것이다. 혼자 가기 무서워서, 외로워서 그랬을 것이다. 자신에게 관심을 갖게 하기 위해서 그랬을 것이다. 어쩌면 그동안 내가 만났던 민폐인들도 그랬던 것일까. 원래는 그런 사람이 아니었지만, 외로움 때문에 그렇게 변한 것이 아닐까. 하우스 박사도 셸던도 김주원 씨도, 고등학교 때의 그 친구도, 직장 동료였던 그 사람도, 모두 외로워서 그랬던 것일까. 외로워서 그랬던 거라면, 좀 더 잘해주지 못한 게 조금은 미안하군.

〈듀 데이트〉에서 가장 웃겼던 장면은 가장 마음 찡한 장면이기도 했다. 에단은 아버지의 유골을 커피통에 넣어서 들고 다녔는데, 그걸 모르던 사람이 유골로 커피를 내리고, 에단과 피터 모두 유골 커피를 마신다. 맛이 뭐 이래? 맛있는데 왜 그래. 무슨 커피야? 집에 커피가 없어서 에단이 들고 온 커피로 만들어봤는데. 뭐야? 웩! 아, 정말 엽기적인 장면이다. 아버지를 갈아마시고 에단은 운다. 울고 있는데 웃기다. 두 사람은 차를 타고 가면서 아버지의 맛에 대해 얘기한다.

피터 : 아버지를 마셔서 미안해.
에단 : 뭐, 괜찮아. 맛이 어땠어?
피터 : 나쁘지 않았어. 스트롱커피 맛과 비슷했어.

에단 : 아버지는 커피를 정말 좋아하셨어. 그러더니 정말 커피가 되셨네. 인생은 돌고 도는 거야.

두 사람은 에단의 아버지를 사이좋게 나눠 마신 다음 서로를 조금은 이해하게 된다. 그렇게 민폐를 끼치던 에단의 저 한마디 때문에 나는 그를 미워할 수 없게 됐다. 인생은 돌고 도는 거다. 우리는 다음 생에 커피로 태어날 수도 있고, 커피통으로 태어날 수도 있고, 또 다른 무엇으로 태어날 수도 있다. 윤회를 믿는다면, 이 따위 짧은 생은 참 시시한 거다. 에단은 인생이 돌고 돈다고 믿기 때문에 그처럼 맑을 수 있었던 게 아닐까. 그렇게 맑을 수 있는 그가 부러웠다.

어쩌면 우리가 사회생활이라고 부르는, 인사하고 배려하고 침범하지 않고 걱정해주는 모든 행위들이, 실은 조금은 가식적이고 투명하지 않은 모습인지도 모른다. 눈치 덜 보고, (법적인 테두리 내에서) 하고 싶은 걸 조금 더 하는 대신 서로의 민폐를 조금씩만 인정해준다면 지금보다는 훨씬 덜 외로운 사회가 될지도 모르겠다.

여름 바다에는 그늘이 없다

스물다섯 살 이후에 단 한 번도 여름 바다에 가본 적이 없다. 농담이 아니다. 가본 적이 없을뿐더러 앞으로 갈 수도 없다. 멀리서 여름 바다를 바라볼 수는 있지만 여름 바다에 뛰어들 수는 없다. 한밤중에 여름 바다로 뛰어들 수는 있지만 뜨거운 뙤약볕 아래의 여름 바다로 뛰어들 수는 없다. 햇볕 알레르기 때문이다. 30분 이상 햇볕을 쬐면 온몸이 슬슬 가려워지다가 빨갛게 살이 익는다. 그러다 발진 같은 게 생겨나고 온몸이 부풀어 오른다. 그러면 살갗이 찢어질 것처럼 아프다. 〈두 얼굴의 사나이〉가 따로 없다. 헐크는 괴물로 변하면서 힘이라도 세지지, 나는 괴물로 변하면서 아프기만 하다. 햇볕 알레르기 때문에 야외 생활이 쉽지 않다. 특히 여름철에는 더욱 힘들다. 길거리를 돌아다니다가도 조금이라도 햇볕 알레르기의 징후가 보일라치면 빨리 그늘로 들어가야 한다. 민방위 훈련이 따로 없다. 민방위 훈련은 사이렌이라도 울려주지, 나는 늘 햇볕을 신경 쓰고 있어야 한다. 햇볕 알레르기가 있는 사람에게 여름 바다란 꿈 같은 환상에 가깝다. 이런! 바다에는 그늘이 없다!

멀리서 여름 바다를 바라볼 수도 있고, 한밤에 여름 바다로 뛰어들 수도 있지만 그건 여름 바다를 즐기는 방식이 아닌 것 같다. 여름 바다에서는 모름지기 모든 걸 벗고 모든 것을 열고 태양과 직면해야 한다. "너 태양이야? 나는 나야. 해볼 테면 해봐"라는 마음가짐이 필요한 것이다. 나 역시 그런 마음가짐으로 뜨거운 태양 아래 여름 바다로 뛰어들고 싶지만, 그랬다가는 '여름 바다에 괴물 나타나, 피서객들 혼비백산'이라는 제목이 달린 채 스포츠신문 1면에다 내 사진을 장식하게 될 것이다.

여름 바다에 대한 환상이 많다. 비키니 수영복을 입은 채 해변에서 선탠을 하는 젊은 여자들, 그 여자들을 곁눈질하면서 호시탐탐 기회를 노리는 젊은 남자들, 구릿빛 피부를 반짝이면서 공놀이를 하는 젊은 커플들, 얕은 물가에서 몸에 튜브를 끼고 노는 어린아이들, 햇볕을 반사하면서 여름 바다 위를 우아하게 날아다니는 원반, 그 원반을 잡기 위해 선글라스를 끼고 여름 바다를 첨벙거리며 뛰어다니는 근육질 몸매의 남자들, 그 남자들을 멀리서 지켜보며 섬세한 근육을 유심히 관찰하는 또 다른 젊은 여자들, 그들이 빚어내는 뜨거운 낭만의, 사랑의, 아름다운, 열정의…….

"낭만은 개뿔, 웃기지 말라 그래"라는 것이 여름 바다를 자주 가는 내 친구의 의견이었다. 여름 바다에 자주 가는 사람이라는 게 중요한 것이 아니라 내 친구라는 점이 중요하다. 내 친구라는 것은 어느덧 삼십 대를 지나 사십 대에 이르렀다는 뜻이고, 사십 대에 이르렀다는 것은 매년 여름 듣는 "여보, 피서는 어느 바다로 가실 텐가요?"라는 협박이 슬슬 지겨워지기 시작할 때가 되었다는 뜻이다. 친구의 증언에 따르면, 피서철의 여름 바다는 기본적으로 '아수라장'이며 삶을 영위하기 힘든 '공포의 바가지 장터'이며 샤워장에서 눈을 수백 번 씻고 찾아봐도 낭만이라고는 절대 찾을 수 없는 '생존의 현장'이며 어렵사리 생겼던 사랑도 파도에 씻겨나가 버리고 마는 '짜증의 공간'이다. 그러면 나는 이렇게 물어볼 수밖에 없다.

"그런데 왜 매년 바다로 가냐?"

친구는 이렇게 대답한다.

"아무리 그래도 바다는 바다니까······."

아무리 그래도 바다는 바다다. 약이 오른다. 아무리 괴로워도 바다는 바다니까, 아무리 짜증나도 바다는 바다니까, 아무리 뜨거워도 바다는 바다니까, 좋은 거다. 여름의 뜨거운 태양 아래 펼쳐진 시원한 바다로 가고 싶지만 나에게 산은 산이요, 물은 '무리'니······ 바닷물도 무리다.

햇볕 알레르기가 어린 시절부터 있던 것은 아니다. 이십 대 후반쯤부터 생겨난 것이다. 억울한 것은, 뜨거운 뙤약볕 아래의 군대에서 온갖 고생을 할 때는 이놈의 햇볕 알레르기가 없었다는 것이다. 그때 햇볕 알레르기가 있었다면 군 생활을 조금은 편하게 했을 텐데 말이다.

"이 병장님, 저 뜨거운 태양은 제가 맡겠습니다. 먼저 가세요."

"안 돼, 김 일병, 잠들지 마, 햇볕 아래서 잠들면 죽는다."

"이 병장님, 전 괜찮습니다. 아, 이미 햇볕 알레르기가 온몸에……"

"김 일병, 어서 그늘로 가, 김 일병, 병, 병, 병……(메아리)."

아, 햇볕보다 뜨거운 전우애를 발휘할 수 있었을 텐데, 참으로 아쉽다.

스스로에게 궁금한 것은 햇볕 알레르기도 없던 어린 시절에는 왜 여름 바다에 가지 않았냐는 거다. 친구들의 이야기를 들어보면 여름 바다에 대한 추억이 없는 친구는 거의 없다. 여름 바다에서 여자 친구를 만났다는 친구도 있고(해변, 통기타, 노래, 모닥불, 편지해요), 남자들끼리 여름 바다에 갔다가 패싸움을 했다는 친구도 있고(죽을래? 시비냐? 씨팔, 제껴! 토껴!), 돈 한 푼 없이 여름 바다를 향해 무전여행을 떠났던 친구도 있고(부산을 향해, 비둘기호, 어디까지 가는 차예요? 그래, 걷자!), 여름 바다에 갔다가 친구가 물에 빠져 죽는 걸 본 친구도 있다.(고인의 명복을 빕니다.) 나는 여름 바다에 대한 추억조차 전혀 없다. 왜 그럴까 생각해보면 너무 내성적인 아이였기 때문이 아닌가 싶다. 나는 바다처럼 넓고 크고 광대하고 뻥 뚫린 공간이 익숙하지 않았다. 더구나 여름 바다처럼 모든 걸 벗어젖히는 공간은 더욱 익숙하지 않았다. 나는 여름 바다보다 겨울 바다가 좋았다. 모든 걸 열어젖힌 여름 바다보다 조금은 자신을 닫아놓은 듯한, 뭔가 은밀하고 비밀이 많아 보이는 겨울 바다가 좋았다. 겨울에는 자주 동해를 보러 갔지만 여름에는 가지 않았다.

나이를 (아주 많이 먹진 않았지만 먹으면) 먹을수록 점점 여름 바다가 좋아진다. 멀리서 바라볼 수밖에 없지만 겨울 바다보다는 여름 바다가 좋다. 겨울 바다는 무섭다. 나를 통째로 삼켜버릴 것 같아서, 그 속으로 빨려 들어가면 절대 헤어나올 수 없을 것 같아서, 두렵다. 겨울 바다를 보러 동해로 갔을 때 보았던 무서운 파도는 떠올리는 것만으로도 공포를 자아낸다. 애니 프루의 대표작이자 바다에 대한 이야기로 가득한 책 『시핑 뉴스』를 읽을 때에도 겨울 바다 때문에 두려웠다. 소설에는 계속 겨울 바다만 등장한다. 소설 속의 겨울 바다는 난폭하다.

"이보다 더 지독한 때도 있었다고."

날씨 이야기였다.

"2년 전인데 해안에 얼음이 얼마나 두껍게 얼었는지 몰라. 쇄빙선들이 스물네 시간 꼬박 동원됐지. 폭풍은 우리네 가슴을 멍들게 해. 요 몇 년 전 일인데, 12월 첫째 주에 매서운 강풍이 몰아치고 키가 15미터나 되는 파도가 몰려왔어. 마치 바다가 바닥까지 뭍으로 달려 올라오는 것 같았다니까."

바다가 바닥까지 뭍으로 달려 올라오려는 듯한 순간의 인상이

겨울 바다의 상징이다. 스무 살 무렵에는 겨울 바다를 보고 있으면 그 속으로 뛰어들고 싶었다. 그 속으로 뛰어들어 난폭한 혼돈의 밑바닥까지 들여다보고 싶었다. 까마득한 혼란과 끓어오르는 듯한 거품 속으로 뛰어 들어가 비밀과 마주하고 싶었다. 지금은? 지금이야 뭐, 그런 걸 봐서 뭐하나 싶다. 이제 겨울 바다에는 절대 뛰어들고 싶지 않은 나이가 됐다. 여름 바다에는 뛰어들고 싶어도 뛰어들 수 없는 처지이고.

여름 바다 하면, 영화감독 기타노 다케시가 떠오른다. 그의 영화에는 여름 바다가 자주 등장한다. 뭘 해도 바다로 간다. 걸핏하면 바다에서 지지고 볶고 싸우고 논다. 〈하나비〉나 〈소나티네〉 같은 영화에서 바다는 야쿠자들의 놀이터다. 〈기쿠지로의 여름〉에서 여름 바다는 순수한 시절의 고향이다. 하지만 뭐니 뭐니 해도 여름 바다의 진면목이 드러나는 영화는 〈그 여름 가장 조용한 바다〉다. 기타노 다케시는 폭력적인 장면으로 유명한 감독이지만 이 영화에서는 폭력이 전혀 등장하지 않는다. 대사도 거의 없다. 주인공이 귀머거리에다 말도 못하니까 대사가 많을 수가 없다. 그래서 파도 소리는 더 잘 들린다.

〈그 여름 가장 조용한 바다〉는 서프보드를 타는 젊은이들의 이야기다. 하얀 거품을 일으키며 천천히 달려드는 파도를 바라보면서 시간을 보내는 젊은이들의 이야기다. 직장이 있는 친구들은 거의 없는 것 같고, 직장을 다녀보려고 생각하는 친구들도 거의 없는 것 같고, 직장을 다니던 주인공은 직장을 그만둔다.(물론 "이 바보 같은 녀석, 그래도 일은 해야 할 것 아냐"라는 호통을 듣고 끌려가긴 하지만.) 그야말로 한가로운 해변의 풍경이다.

영화를 보고 나니 서프보드를 배우고 싶었다. 서프보드를 타보고 싶었다기보다 파도와 한참 동안 씨름하며 엎치락뒤치락하고 보드에 올라섰다가 미끄러졌다가 다시 고꾸라졌다가 끝내 포기하고 해변으로 돌아와 그렇게 파도를 바라보고 싶었다. 파도와 싸우기 위해, 혹은 파도와 어울리기 위해 파도를 오랫동안 바라보는 일이야말로 서프보드의 핵심은 아닐까, 싶은 생각이 들었다. 영화에서처럼 밀려왔다가 밀려가는 파도를 한참 동안 멍하니 바라보고 싶었다. 영화 속 젊은이들이 직업이 없는 것은 당연한 일일지도 모른다. 밀려왔다 밀려가는 파도를 오랫동안 바라볼 수 있는 사람이 어떻게 일을 할 수 있겠는가. 나에게도 그런 완벽한 시절이 있었다. 시간이 너무 많아 주체하지 못하던 시절이 있었다.

한동안 서프보드에 대한 책도 읽고 영화에서 서프보드가 등장하는 장면이 나오면 유심히 보기도 했다. 서프보드란 참으로 단순한 스포츠다. 파도가 밀려온다. 보드 위에서 밀려오는 파도의 힘을 이용해 이리저리 움직인다. 그걸로 끝이다. 하지만 그 단순함이 서프보드의 매력이 아닌가 싶다.

그녀는 가까운 주차장에 자동차를 세우고, 모래사장에 앉아서, 다섯 명가량의 서퍼가 파도를 타고 있는 모습을 바라보았다. 그들은 보드를 붙잡은 채 먼바다에 떠 있었다. 큰 파도가 밀려오면, 보드를 꽉 붙잡고 도움닫기를 하여 보드 위에 올라서서 파도를 타고 해변까지 다가왔다. 그리고 파도가 힘을 잃으면 서퍼도 균형을 잃고 물속에 빠졌다. 하지만 곧 수습하여 다시 보드에 누워 손으로 파도를 헤치면서 먼바다로 되돌아갔다. 그것을 되풀이했다. (…) 그녀는 현재라고 하는, 항상 앞으로 옮겨가는 시간 속에 주저앉아서, 파도와 서퍼들이 단조롭게 되풀이하는 풍경을, 그저 무심코 눈으로 쫓고 있을 뿐이었다. 지금의 자신에게 가장 필요한 것은 시간이라고, 그녀는 어느 시점에서 문득 그렇게 생각했다.

무라카미 하루키의 단편 「하나레이 만」의 한 대목이다. 주인공인 사치의 아들은 서프보드를 타다가 커다란 상어에게 물려 죽었다. 생각만 해도 끔찍한 장면이다. 사치는 아들이 죽은 하나레이 만으

로 가서 다른 아이들이 서프보드를 타는 장면을 물끄러미 바라보고 돌아온다. 자잘한 에피소드가 더 있긴 하지만 그게 이야기의 전부다. 아주 심심한 소설이다. 무라카미 하루키는 아마도 파도가 밀려왔다 밀려가는 장면과 같은 소설을 쓰고 싶었는지도 모른다.

그녀는 피아노를 치는 것 자체를 좋아했던 것이다. 건반 위에 열 개의 손가락을 올려놓는 것만으로 기분이 시원하게 뚫리는 것 같았다. 그것은 재능이 있고 없고는 전혀 상관없는 일이다. 누구에게 도움이 되느냐 되지 않느냐의 문제도 아니다. 아마 이들도 파도를 타면서 이와 비슷한 감정을 느꼈는지 모른다고, 사치는 상상한다.

피아노를 치는 것도, 파도를 타는 것도, 다른 어떤 일들도 모두 마찬가지가 아닐까. 우리가 하려고 하는 모든 일들은 재능이 있고 없고가 중요하지 않다. 누구에게 도움이 되느냐 되지 않느냐도 중요하지 않다. 이들이 파도를 타면서 느꼈을 감정, 사치가 피아노를 치면서 느꼈을 감정, 누군가 그림을 그리면서 느꼈을 감정, 누군가 소설을 쓰면서 느꼈을 감정, 자신이 좋아하는 일을 하면서 그걸 즐기면서 느꼈을 감정이 가장 중요한 것이다. 파도를 타는 것은 전적으로 개인적인 일이다. 세상을 구하는 일도 아니고 아프리카에서 굶고 있는 아이들을 살릴 수 있는 길도 아니고, 종교적인 분쟁을 막을 수 있는 방안이 될 수도 없다. 전적으로 개인의 감정을 위한 일이고, 스스로의 기쁨을 위한 일이다. 그러나 스스로의 기쁨을 제대로 찾아낼 수 없는 사람이라면 세상을 구할 수 있는 기회가 온다 해도 세상을 구할 수 없다.

우리가 다음 세대들을 위해 해줄 수 있는 가장 중요한 일은, 그들이 자신의 기쁨을 온전하게 발견할 수 있는 기회를 최대한 많이 제공해주는 것이다. 젊은이들은 하릴없이 파도를 바라볼 수 있어야 하고, 아이들은 운동장에서 마구 뛰어놀 수 있어야 하고, 피아노를 치고 싶어하는 친구들은 굶어 죽을 걱정 하지 않고 피아노를 칠 수 있어야 한다.

우리가 어린 시절을 그리워하는 것은 그 시절에 발견했던 온전한 기쁨을 그리워하는 것이다. 어른이 된다는 것은 무료한 일이다. 어린 시절에 온전한 기쁨을 충전해두지 않는다면 길고 긴 어른으로서의 시간을 버티기가 쉽지 않다. 물론 가장 좋은 것은 나이가 들어서도 어른이 되지 않는 것이다. 마흔이 되고 쉰이 되고 예순이 되어도 어떤 일에서건 온전한 기쁨을 발견할 수 있다면 그보다 더 좋은 일이 없을 것이다.

햇볕 알레르기가 생기기 전에 스케이트보드를 탄 적이 있다. 시간이 너무 많이 남았고, 뭘 해도 하루해가 길었기 때문에 동네 언덕에 가서 스케이트보드를 탔다. 스케이트보드를 타는 시간보다 길가에 앉아서 길을 바라보는 시간이 더 많았다. 무릎이 까졌고, 손바닥도 까졌고, 그래서 나를 망가뜨린 길을 바라볼 수밖에 없었다. 5분 정도 스케이트보드를 타고 30분 정도 털썩 주저앉아 있었다. 다시 5분 타고 30분 쉬고, 5분 타고 30분 쉬고……. 길을 바라보는 것이 스케이트보드를 더 잘 탈 수 있는 지름길이라고 믿었다.

서프보드도 그렇지 않을까. 파도를 오랫동안 바라보는 것이 서프보드를 더 잘 탈 수 있는 지름길이 아닐까. 나는 가끔 스케이트보드를 타고 언덕길을 내려오던 그 시절을 생각하고는 혼자 웃는다. 그런 완벽한 시간이 다시 올까. 해야 할 일은 하나도 없고, 시간은 너무 많이 남아 있고, 새로운 것을 배우기 위해 몸을 움직이며 다치고 부딪치고 깨지고 다시 도전하고 실패하고. '실패해도 상관없어, 다시 도전하면 되니까'라는 마음으로 다시 부딪칠 수 있는 여유가 마음 가득히 부풀어 오르는, 그런 시간이 다시 올까. 언젠가 내 인생에 그런 완벽한 시간이 주어진다면 나는 서프보드를 배우고 싶다. 여름 바다에는 그늘이 없지만 그런 완벽한 시간을 위해서라면 햇볕 알레르기쯤은 참고 버틸 수 있을 것 같다.

완전자동 결혼식

차세대 국민 운동기구

날로 볼품없어지는 현대인의 몸매
모두 운동이 부족하기 때문입니다.
그 주범은 바로,

몸매와 건강의 적을 획기적으로
개선할 수 있는 방안을 마련했습니다.
우선, 엘리베이터부터 살펴볼까요?

엘리베이터에서 이런 서먹한 분위기 정말 싫죠? 왜 쓸데없는 안내문을 읽고 있어야 합니까? 짧은 시간 알차게 보내세요.

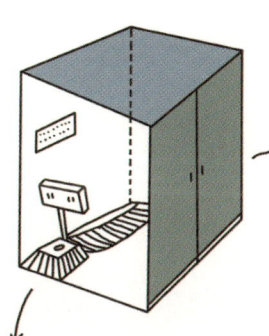

이것이 바로 차세대 국민운동기구인 '오르려면 뛰어라 엘리베이터' (오뛰엘)입니다.

피트니스 센터의 런닝머신과 엘리베이터를 결합한 제품입니다.

가고 싶은 층의 단추를 누르면 움직였던
기존의 엘리베이터와 달리 오뛰엘은 엘리베이터 내의
런닝머신에서 운동을 해야만 그 에너지로 기계가 움직이는
원리입니다.

물론 이런 직업이 등장할 가능성도 있죠.

혈기 왕성한 젊은이들의 아르바이트 장소로 각광받을 것이며 63빌딩 같은 곳은 마라토너들의 성지가 될지도 모릅니다. 다음으로 에스컬레이터를 바꿔볼까요?
'오르려면 밟아라 에스컬레이터' (오밟에)

오르려면 밟아라? 직장에서 많이 쓰는 용어가 아니던가요?
자근자근……

인생이 서커스로군!

에스컬레이터와 외발자전거의 장점을 (단점인가?) 결합시킨 제품입니다

오뗘엘과 오밟에 도입 1년 뒤

살은 안 빠지고 외발자전거만 늘었어.

이렇게 되거나

뭘 봐, 듣도 없는 게…

응?

이 분은, 매일 엘리베이터 맨을 고용하시는 분.

매일 띈다
가난 부유

이렇게 겉모습만으로 경제상황을 짐작할 수 있게 될는지도……

번쩍

그냥 계단으로 다니면 되잖아?

호오……

천재다!

천잴까?

나이 '반띵' 제도

이런 기사를 보셨을 거예요, 대단하지 않습니까?

문득 이런 생각이 들더군요.
인간은 60세가 되면 할아버지, 할머니가 됩니다.
그렇다면 61세부터 150세까지는 계속
할아버지, 할머니로 살아야 한다는 거죠.

으앙 → 본능한살 → 6 미운일곱 → 9 사춘열여섯 → 14 열열서른 → 20 소외오십 → 외롭!!

할아버지! 할머니가?

절명 백오십 ← 90 퇴직예순 10 누가 나더러 할아버지래?

90년 동안 할아버지로 산다면 억울하지 않겠습니까?

90년을 할아버지로 산다고 생각하면 삶이 늘어났다기보다 삶을 연장하는 듯한 기분이 듭니다.

놓지마, 놓지 마 / 맞으면 죽겠다. / 놓는다!

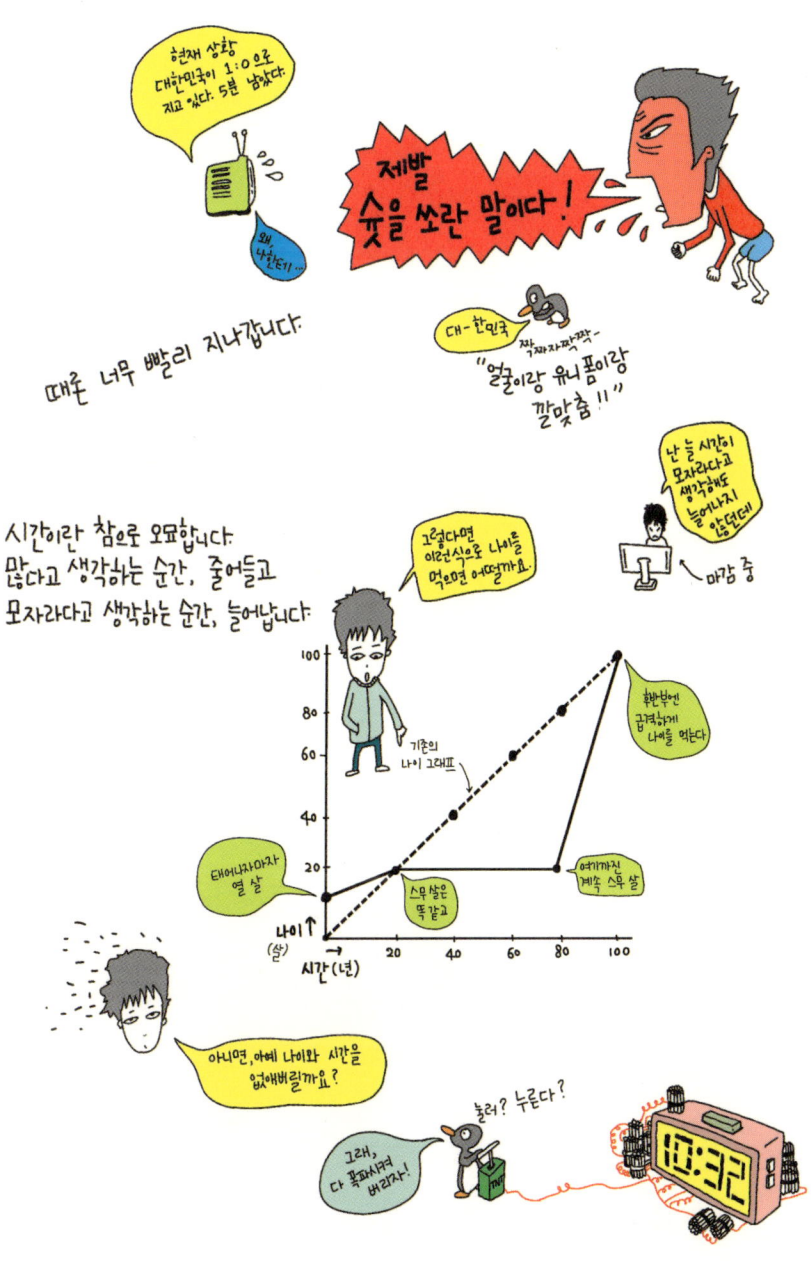

손을 잡으면
우리가 된다

이 장에 들어 있는 글은 2009년 5월부터 11월까지 〈한겨레〉의 '야, 한국사회'라는 꼭지에 연재한 것들이다. 시간이 흘러 의미가 퇴색한 문장도 있고, 여전히 유효한 문장도 있다. 수정은 하지 않았다. 덧붙이고 싶은 말도 많지만 그러지 않기로 했다. 그 시절을 고스란히 기억하는 데는 그편이 더 낫다는 생각이다.

인간의 구역

 가을이다. 요즘의 구름과 빛과 공기를 만지고 있으면, 너무나 멀고 넓은 하늘을 올려다보고 있으면, 우리가 우주 속에 살고 있는 게 확실하구나 싶다. 저기 보이는 하늘이 우주다. 시詩가 어울리는 하늘이다. 산문으로는 이 계절을 설명하기 힘들다. 하늘을 바라보다 폴란드 시인 비스와바 쉼보르스카의 목소리를 떠올렸다.

 오, 인간이 만들어낸 국경선은 얼마나 부실하고, 견고하지 못한지요!
얼마나 많은 구름이 그 위로 아무런 제약 없이 유유히 흘러가고 있는지,
 얼마나 많은 사막의 모래 알갱이들이 한 나라에서 또 다른 나라로 흩날리고 있는지,
 얼마나 많은 산속의 조약돌들이 생기 있게 펄쩍펄쩍 뛰어오르며 낯선 토양을 향해 굴러가고 있는지.
 —「시편」 중에서

하늘이 높아질수록 땅 위에 그어놓은 인간들의 선이 하찮게 보인다. 구역과 구역을 나누고, 선을 긋고 내쫓고, 땅끝으로 몰아붙이는 사람들은, 하늘을 보지 않는 사람들이다.

영화 〈디스트릭트 9〉은 인간의 구역에 대한 이야기다. 남아프리카공화국 요하네스버그 상공에 거대한 우주선이 나타났다. 우주선 안에는 병든 외계인들이 가득 타고 있다. 인간들은 집단수용소에 외계인을 격리 수용하고 '디스트릭트 9'이라 불렀다. 인간들은 외계인을 혐오하고 집단수용소를 도시에서 멀리 떨어진 곳으로 옮겨달라고 항의한다.

감독의 의도는 분명한 것 같다. 외계인이라는 이름 대신에 흑인, 소수자, 이주노동자를 입력하면 된다. 외계인은 곤충처럼 생겼다. 흑인들은 까맣게 생겼다. 외계인은 지구의 말을 못한다. 이주노동자는 다른 나라의 말을 잘 못한다. 외계인은 소수다. 소수자도 소수다. 재미있는 건 외계인에 대한 흑인들의 반응이다. 흑인들은 흥분하면서 외친다.

"저런 놈들 당장 다 쫓아내버려야 한다고요."

남아프리카공화국을 배경으로 한 영화라 이런 '유머'가 가능한 거다. 인간은 자신보다 힘이 없는 자에게 절대 관대할 수 없는 걸까.

나는 이 영화를 보다가 용산을 떠올렸다. '디스트릭트 9'을 '용산 재개발 구역'으로 바꾸고, '외계인'을 '용산 재개발 철거민'으로 바꾸어도 어색할 게 없다. 귤이 회수를 건너 탱자가 되듯 SF영화가 인도양을 건너 리얼리즘 영화가 되었다. 영화 속 'MNU'라는 다국적 회사는 '디스트릭트 9'에서 외계인을 강제 퇴거시키기로 한다. 책임자가 이렇게 지시한다.

"놈들은 소유 개념이 없어. 그러니까 우리 땅이라고 얘기한 다음 여기에서 나가라고 하면 돼."

누가 누구에게 나가라고 말할 수 있는 권리를 누구에게 받은 것일까. 선을 긋고 구역을 만드는 사람들은 늘 새로운 선을 긋고 새로운 구역을 만들어낸다. 영화 속에서 가장 웃겼던 장면이 시간이 지날수록 가슴을 아프게 한다. 강제 철거반이 서류를 내밀고 사인하라고 하자, 화가 난 외계인이 손으로 서류를 친다. 땅에 떨어진 서류를 주우면서 강제 철거반은 이렇게 말한다.

"손으로 쳤으니까 사인한 거나 마찬가지야."

순 억지다. 억지도 이런 억지가 없다. 서류에다 사인한 적이 없는 사람들을 내쫓는 건 불법이다.

아직도 용산 문제는 해결되지 않았다. 총리가 바뀌었어도 땅에 깊이 그어놓은 선은 지워지지 않았다. 어린 시절 땅따먹기 할 때 나뭇가지로 그었던 선은 발로 쓱쓱 문지르면 금방 지워졌다. 이건 그렇게 지워지지 않는 걸까. 그렇게 힘든 걸까. 망루에 올라갔던 사람들을 생각한다. 그들은 아마도 땅 위의 선이 지긋지긋해서, 땅 위의 구역이 몸서리치도록 싫어서 그 위로 올라갔을 것이다. 얼마나 많은 구름이 그들의 망루 위로 아무런 제약 없이 유유히 흘러갔을까.

동네가 사라진다

팝콘 때문에 짜증나서 못살겠다. 극장에 갈 때마다 스트레스가 이만저만이 아니다. 영화에 집중할 수가 없다. 팝콘에 대한 짜증은 3단계로 이뤄진다. 1단계는 냄새다. 이제는 팝콘 냄새가 극장의 아이콘처럼 돼버렸지만 나는 느끼한 버터 냄새만 맡으면 토할 것 같다. 2단계는 쩝쩝거리는 소리다. 돌비 서라운드 시스템이 무색할 정도로 사방에서 팝콘을 씹어댄다. 3단계는 팝콘 상자 바닥 긁는 소리다. 어찌나 깔끔하게 팝콘을 먹는지 종이 상자를 벅벅 긁어댄다. 화면에서는 주인공이 슬퍼하고 있는데, 사방에서 부스럭거린다. 나만 예민한 건가. 아니면 다들 참고 있는 건가. 아니면 주위가 너무 시끄러워 소리로 맞대응하는 건가. 영화를 보러 온 건지 팝콘과 콜라를 먹으러 온 건지 모를 정도다.

극장 입구에는 "영화 관람에 방해되는 음식은 반입을 금지한다"라고 적혀 있는데 팝콘의 냄새와 소리는 영화 관람에 방해되지 않는 모양이다. 내가 참아야 하나. 극장의 주 수입원이 팝콘과 콜라

판매라고 하니, 영화 싸게 보려면 그 정도 불편은 참아야 하나. 억울하다. 팝콘이 주 수입원이라 상영 영화 선정도 팝콘과 어울리는 게 우선인가. 이러다가 영화감독들이 팝콘 먹으며 볼 수 있는 영화만 만들어내면 어떡하나, 걱정이 들 정도다.

멀티플렉스라고 이름을 붙였지만 영화의 종류는 멀티하지 않다. 서너 개 상영관에 똑같은 영화 포스터가 걸려 있다. 전국 어디에서나 비슷한 영화가 상영되고 비슷한 맛의 팝콘을 먹을 수 있다. 이런 걸 문화의 평준화라고 불러야 하나.

동네 극장에 갈 때마다 동네란 생각이 들지 않는다. 전국의 모든 멀티플렉스는 시설과 디자인이 비슷해서 그 속으로 들어가기만 하면 동네가 구분되지 않는다. 동네에 있긴 하지만 별세계로 들어서는 기분이다. 어쩌면 전국의 모든 멀티플렉스는 비밀 통로로 연결되어 있는 것은 아닐까 싶은 상상도 하게 된다.

가스 제닝스 감독의 〈나의 판타스틱 데뷔작〉이라는 영화의 동네 극장에서는 동네 꼬마가 심심풀이로 만든 영화를 상영해준다. 아는 동네 사람 얼굴 보는 맛에 모두들 재미있게 본다. 나도 그런 상상을 해본다. 영화 시작 전에 동네 중학생, 고등학생들이 만든 단편 영화 한 편을 전채로 맛본다면 어떨까. 꿈 깨자. 영화 상영 횟수를 한 회라도 늘리기 위해 상영 시간을 조절해야 하는 **빡빡한** 세상이다.

동네란 게 남아 있긴 한가. 동네 서점은 하나씩 줄어들고, 동네 극장은 소멸 직전의 단계이며, 동네 구멍가게들은 위태롭다. 기업형

슈퍼마켓은 동네의 마지막 상징이자 보루였던 구멍가게들을 벼랑 끝으로 밀어붙이고 있다.

  나는 한때 구멍가게 집 둘째 아들이었다. 동네 입구에 있던 우리 집은 기능이 많았다. 우선 동네 사람들의 생필품을 조달했으며(물론 돈 받고), 동네 주민들이 서로의 정보를 공유하는 토론장이기도 했으며, 동네를 찾아오는 낯선 사람들에게는 길 도우미가 되어주었고, 상영 중인 영화 포스터를 붙인 유리창은 문화게시판 역할을 했다. 멀티라는 건 이 정도가 되어야 써먹을 수 있는 단어가 아닌가 싶다. 무작정 그때가 좋았다고 말할 수는 없다. 동네보다 더 큰 세상으로 나아가야 하고, 더 많은 것을 보아야 한다. 하지만 동네가 사라진다는 건 안타깝다.

  동네가 사라진다는 건 이름이 사라지는 것이다. 사람의 이름이 사라지고 가격표가 그 자리를 대신하는 것이다. 누구네 가게, 누구네 철물점, 누구네 이불집 같은 이름이 사라지고 슈퍼슈퍼마켓이라는 섬뜩한 명칭이 그 자리를 대신하는 것이다. 수많은 이름들이 지워지고 난 자리에 들어선 슈퍼슈퍼마켓을 보고 있으면 나는 자꾸만 팝콘이 떠오른다.

슬롯머신 ATM이 만들어지면
돈을 인출하는 자리 옆에다 슬롯머신을 붙여둔다면
대박 나지 않을까?

대박의 꿈을 꾸게 해줄뿐 아니라
삶의 철학도 하나 알려줄 수 있다.

모든 사물엔 플러스와 마이너스가 공존하고 있다.

하지 말자, 좀

　날이 덥다. 후텁지근하다. 장마다. 모든 게 다 날씨 때문이야, 라고 몰아붙이고 싶은 날씨다. 날씨가 무슨 죄가 있나. 날씨를 탓하는 건 인간뿐이다. 덥다거나 춥다는 기준이 어디 있나. 여우들은 산책을 나가려다 비 때문에 기분 잡치는 일이 없다. 아마 없을 것이다. 비가 오면 비가 오는가 보다, 눈이 오면 또 눈이 오는가 보다, 그럴 것이다. 시간 단위로 날씨를 예측하고 비와 바람과 눈과 파도에 이토록 민감한 것은 인간뿐일 것이다. 자연이 인간 마음먹은 대로 움직여주질 않으니 답답한 게다. 인간들이 수년 동안 쌓아 올린 것을, 자연은 한순간에 무너뜨린다. 몇 시간 만에 몇 년 치를 잡아먹는다. 비와 눈과 바람도 다스리고 싶은 게 인간의 욕망이겠지만 그건 아무래도 쉽지 않다.
　강을 살리겠다는 정부의 표현은 오만하다. 자연을 다스릴 수 있다고 믿는 것이다. 오만할 뿐 아니라 적절치 못하다. 남이 죽여놓은 걸 우리가 살리는 게 아니다. 우리가 죽인 거니 생색낼 것 없다. 의

문도 많다. 강을 살려야 한다, 라는 표현을 쓸 만큼 강이 죽어 있는 것인지, 만약 그렇다면 실제로 강을 살릴 수 있는 것인지, 지금의 계획이 말 그대로 강을 살리는 데 집중하고 있는 것인지, 강을 살린다고 시작해놓고선 몇몇 특별한 부류의 사람들만 살리는 건 아닌지, 궁금한 게 많다. 걱정도 많다.

걱정하는 데는 이유가 있다. 얼마 전 신문에 실린 유인촌 문화체육관광부 장관의 인터뷰 때문이다. 유인촌 장관은 청계천 복구를 4대강 정비 사업과 연결했다. 청계천 복구가 하나의 문화 정책이었듯 4대강 정비도 마찬가지라고 한다. '수질이 좋아지고 환경이 나아지면 자전거 도로가 생기고 크루즈도 뜨고 국토환경이 바뀌는' 문화 정책이 4대강 정비 사업에 포함돼 있다는 거다. 청계천에서처럼 남녀가 4대강 강변을 거닐고, 온가족이 강가로 나들이 나가는 풍경을 꿈꾸는 거다. 청계천에서처럼 모두 카메라 하나씩 들고 "자, 이쪽을 보면서 웃어보세요"라고 할 만한 인공적인 세트를 꿈꾸는 거다. 그게 문화적이라는 건데, 나와는 '문화'에 대한 생각이 많이 다른 것 같다. 강을 살려야 한다면 강만 살리면 된다. 문화 같은 건 잠시 잊어도 좋다. 강만 살리면 그게 곧 문화가 된다. 자꾸만 의심이 드는 건 그래서다. 강을 살린다는 게 강 주변에 놀이시설을 만든다는 뜻으로 들려서 불안한 것이다.

이제는 그런 강박 좀 벗어도 된다. 놀지 말고 뭐라도 자꾸 해야 할 것 같은, 뒤집어엎지 않고 개발하지 않으면 어쩐지 불안한 마음을, 잊어도 된다. 국민들을 위해서, 뭐라도 만들어주고 싶은 마음을, 버려도 좋다. 강을 우리가 살리지 않으면 누가 살리겠어, 같은 마음은 잊는 게 좋다. 우리가 대단한 존재들인 것 같은 착각도 버리자. 강을 살리겠다는 생각을 버리고, 원래의 모습으로 되돌려놓기나 하자. 그게 우리가 할 수 있는 최선이다. 우리들은 거대한 장거리 경주에 참가한 릴레이 선수에 불과하다. 다음 선수에게 바통이나 제대로 전해주자.

스스로를 '인류의 형님'이라 불렀던 '자뻑 종족' 코기 인디언의 말이 떠오른다.

"이제 우리는 우리 혼자서만 세상을 돌볼 수 없게 되었다. 아우가 너무 많은 해를 끼치고 있다. 아우도 보고, 이해하고, 책임을 져야 한다. 이제 우리는 함께 일해야 할 것이다. 그렇지 않으면 세계는 죽을 것이다."

우리가 해놓은 꼴을 보고 있노라면 코기 인디언들을 형님으로 대우하는 게 맞지 싶다. 우리가 책임질 일이 많다. 영화 〈넘버 3〉에 나왔던 최민식 형님의 말도 생각난다.

"앞으로 네가 뭘 할 거든지, 하지 마라."

그래, 이제 우리도 좀 하지 말자.

예술이 뭐

 예술이 뭐라고 생각하십니까? 손발이 오그라드는 질문이다. 요즘에도 이런 질문을 던지는 사람이 있나 모르겠다. 그래도 어딘가에 몇 명쯤은 있겠지. 심각한 얼굴로 마주 앉아서 "예술이 뭐라고 생각하십니까?" "제 생각에 예술이란 말이죠"라는 대화를 주고받는 사람들이 몇 명쯤은 있겠지. 고백하자면, 나는 손발이 오그라드는 저 질문을 자주 던졌던 사람이다. 몇 해 전 젊은 아티스트들을 여럿 인터뷰할 때도 그랬다. 인터뷰가 끝날 즈음에 슬쩍 "예술이 뭐라고 생각하느냐"라는 질문을 던졌다. 대답을 피하는 사람도 있었고, 오랫동안 고민하는 사람도 있었고, "하하, 그런 질문은 개나 물어가라지요"라는 표정으로 나를 보는 사람도 있었다. 답을 듣고 싶었다기보다 질문에 어떻게 반응하는지 궁금했다. "예술이 뭐라고 생각하느냐"라는 질문에 어떻게 반응하는지를 보고 그 사람의 예술관을 알 수도 있다고 생각했다. 반성한다. 나도 알고 있다. 저런 질문은, 해서는 안 된다. 삶이 뭐라고 생각하십니까. 이런 질문도,

해서는 안 된다. 누가 나에게 그따위 질문들을 던진다면, 묵비권을 행사할 것이다.

요즘 들어 예술이라는 말이 낯설다. 이른바 '한예종 사태' 때문에 예술이 뭔지 다시 생각해보고 있다. 예술이 뭘까. '한국예술종합학교'라는 이름을 오랫동안 바라보고 있으면 외래어를 대하는 기분마저 든다. 한예종이 아니라 한국예술종합학교라고 불러야 그 의미를 제대로 느낄 수 있다. 한국에서 예술이란 뭘까. 종합이란 뭘까. 학교란 뭘까. 한국예술종합학교라는 이름은 여러 가지 논란들과 너무나 잘 어울리는 이름 아닌가. 한국 예술 교육에 대한 종합적인 문제점이 한예종 사태 안에 고스란히 녹아 있다.

"한국예술종합학교의 설립 취지에 맞게 실기 중심 학교로 재편해야 한다"라는 의견을 듣고 한 나라의 문화와 예술을 걱정한다는 사람들의 수준이 이 정도라는 데 놀랐다. 다른 의도가 있어서 그런 것이라고, 이런 건 핑계에 불과할 뿐이며 핵심은 다른 데 있는 것이라고 생각해보려 해도, 이런 발상 자체가 이해가 되지 않는다. 예술을 이론과 실기로 나누어 생각한다는 것 자체가 이해가 되지 않는다. 나는 나의 생각과 실천을 구분할 수 없다. 내 글쓰기가 이론인지 실기인지 분간할 수 없다. 숨이 멎을 만큼 아름다운 그림을 보면서 나는 내 감동의 촉발점이 화가의 이론인지 능숙한 기술인지 따지지 않는다. 따질 수 없다. 예술은 대답이 아니라 질문이다. 예술을 배운다는 것은 더 많은 질문을 배우는 것이다. 예술을 가르친다는 것은 세상에 더 많은 질문이 생기도록 돕는 일이다.

한예종을 재편해야 한다고 주장하는 사람들은 실용을 따지는 모양이다. 질문 같은 건 소용없고 답이 중요한 모양이다. 그런 사람들에게는, 답이 없다. 왜 자꾸만 예술을 가지고 뭔가를 해야 한다고 생각하는 것일까. 왜 자꾸만 물음표를 우그러뜨려서 마침표로 만들려는 것일까. "한국에서는 닌텐도 같은 게임을 못 만드냐"라고 말할 정도면 언젠가는 소설가들에게 "한국에서는 '해리 포터' 같은 소설 못 쓰냐"라는 구박을 할 것 같아 걱정이 이만저만이 아니다. 미리 고백하자면, 그런 거 못 쓴다.

오랜만에 손발이 오그라드는 질문을 해보고 싶다. 예술이 뭐라고 생각하십니까? 이 질문이 낯 뜨거운 이유는, 필요 없기 때문이 아니라 누구나 이미 알고 있는 질문이기 때문이다. 삶이 무엇인지 서로에게 묻지 않아도 모두들 뜨겁게 살고 있듯, 예술이 무엇인지 묻지 않아도 사람들 마음속엔 각자의 질문이 들어 있기 때문이다. 한국예술종합학교를 바꾸고 싶어하는 분들에게 묻고 싶다. 도대체 예술이 뭐라고 생각하십니까?

소설가가 이렇게 외로운 거였어?
도와주는 사람도 없고,
모든 걸 혼자 다 들고 가는,
이런 거였어?
......
응, 그런 거였어.

정색하면 지는 건가

요즘 '헌재 놀이'가 유행이다. 국회의 미디어 법안 처리가 위법이라고 판정하면서도 무효화하지는 않은 헌법재판소의 판결을 빗댄 놀이다. '했지만'과 '아니다'의 불합리한 호응이, 인과관계가 파괴되는 쾌감이 놀이를 재미있게 만든다.

'컨닝은 했지만 성적은 유효하다.'

'오프사이드는 맞지만 골은 유효하다.'

'술은 먹었지만 음주운전은 아니다.'

재치 넘치는 표현이 많다. 어찌 보면 시적詩的이다. 기발한 문구를 보며 웃다가도 끝내 씁쓸하다. 그동안 우리는 파괴된 인과관계가 현실이 되는 장면을 자주 목격했다. 아니 땐 굴뚝에 연기가 나는 장면을 곧잘 봐왔다. 웃자고 시작한 놀이인데, 웃음은 잠깐이고 현실이 아프다. 누군가를 조롱하고 풍자하면 통쾌한 기분이 들어야 하는데 영 개운치가 못하다. '놀이'라고 이름 붙였는데 어찌된 일인지 놀면 놀수록 마음이 찜찜하다.

언제부터인가 이런 식의 농담과 놀이가 많아졌다. 인터넷 때문이지 싶다. 이 악물고 정색하며 상대방에게 대드는 대신 농담과 조롱과 풍자로 뒤통수를 후려치는 방식이 늘었다. 인터넷의 짤막한 덧글로 자신의 생각을 전달하는 기술이 놀라울 정도다.

나 역시 농담과 웃음의 힘을 믿는다. 일본의 소설가 무라카미 류의 작품 『69』 속 작가의 말을 자주 인용하고 다녔다.

즐겁게 살지 않는 것은 죄다. 유일한 복수는 그들보다 즐겁게 사는 것이다. 즐겁게 살기 위해서는 에너지가 필요하다. (…) 지겨운 사람들에게 나의 웃음소리를 들려주기 위한 싸움을, 나는 죽을 때까지 결코 멈추지 않을 것이다.

나 역시 그렇게 생각했다. 정색하면 지는 거라고 생각했다. 걱정되는 건 시간이 갈수록 이런 '놀이'들이 시시하게 느껴진다는 것이다. 우리가 풍자를 하는 이유는 저 높은 곳의 누군가를 우리 곁으로 끌어내리기 위해서인데, 누군가의 권력을 시시한 것으로 만들어버리기 위해서인데, 시간이 지날수록 농담을 하는 우리가 무기력해지고 시시해진다. 결국 바뀌는 것은 아무것도 없을지 모른다는 가능성이 우리를 주눅 들게 만든다. '헌재 놀이'도 그렇고, 이명박 정부가 들어선 이후 우리가 만들어낸 무수한 농담과 누군가에게 붙여준 별명들이 그렇다. 잠깐 웃었지만 비웃고 조롱할수록 우리들만 시시해지는 것 같다.

　시간이 흘러 정부가 바뀌고 세상이 바뀌었을 때 우리는 2009년을 어떻게 기억할까. 2009년을 떠올릴 때 어떤 단어가 생각날까. 나는 이 모든 상황을 기억하고 싶다. 우리를 괴롭혔던 사람들, 말도 안 되는 억지로 우리를 짜증나게 만들었던 사람들, 자신들의 이익을 위해 절차를 우습게 생각했던 사람들의 얼굴 하나하나를 모두 기억하고 싶다. '헌재 놀이' 같은 농담으로 2009년을 기억하고 싶지 않다. "맞아, 그때 헌재 놀이가 진짜 재미있었지. 내가 달았던 댓글 인기 최고였는데, 기억 안 나?"라며 철 지난 유행어를 기억하듯 2009년을 기억하고 싶지 않다. 파괴된 인과관계의 불합리를 농담으로 덮어버리고 나면 결국 우리 손해다. 정작 우리가 기억해야 할 건 놓치고 헌재 놀이에 등장했던 명문장들만 머릿속에 둥둥 떠다니게 되는 것은 아닐까.

　웃음을 멈출 수는 없다. 그러면 더 큰 죄를 짓는 거다. 다음 세대에게, 다른 건 몰라도, 웃음은 전해주어야 한다. 얼마나 오래 기다려 이렇게 열심히 웃고 있는지 모른다. 대신 왜 웃는지 정확히 알아야 한다. 웃음을 터뜨리기 전에 혹시 울어야 할 일은 아닌지, 비웃기 전에 혹시 정색해야 할 일은 아닌지, 누군가를 조롱하기 전에 내가 정확히 누구를 조롱하려는 것인지, 알아야 한다. 그래야 무기력해지지 않는다. 그래야 우리가 시시해지지 않는다.

그의 말들이 좋았다

 말이 칼이 되고 덫이 된다. 말이 길면 꼬리 잡히고, 허술하면 조롱당한다. 쉽게 말했다가는 크게 당하고, 생각 없이 말했다가 걱정만 떠안게 된다. 말 한번 꺼내기 쉽지 않은 시대다. 우리 시대의 잘 말하는 법이란, 남에게 책잡히지 않는 기술뿐이다. 조선 후기 문장가 홍길주는 "마음에서 나온 것이 말이고, 그 말을 간추린 것이 글"이라 했다. 이어 "마음에서 나오지 않은 말은 거짓말이고, 말에서 얻지 못한 글은 가짜 글"이라 덧붙였다. 말이 모여 글이 된다. 글이 모여 책이 되고, 책이 모여 한 시대의 마음이 된다.
 어떤 글이든, 써본 사람은 안다. 지우고 붙이고 고치고 채우면서 한 줄의 글을 완성하기가 얼마나 힘든지, 한 줄의 문장을 완성하기 위해 얼마나 많은 말들을 머릿속으로 중얼거려야 하는지, 써본 사람은 안다. 글을 쓰기 위해서는 말이 필요한데 그 말을 꺼내기가 쉽지 않다.
 노무현 전 대통령이 돌아가셨다. 서거, 라는 말을 쓰지만 나는 돌아가신 것 같다. 그분은 이곳 사람이 아니라 어딘가에서 뚝 떨어진 사람인 것 같다. 어딘가에서 뚝 떨어졌다가, 다시 어딘가로 뚝 떨어져 가셨다. 잘 돌아가셨길 빈다. 그 길이 맞길, 그 낭떠러지 길이 제대로 된 길이었길 빈다.

나는 노무현이라는 사람을 좋아했다. 그의 말들이 좋았다. 내용도 좋았지만 그보다 형식을 더 좋아했다. 그는 말 없는 사회에서, 말 꺼내기 힘든 사회에서 늘 말을 했다. 그는 형식적인 말은 하지 않았다. 우리가 오랫동안 들었던, 텔레비전만 켜면 정치인들이 늘 해댔던, 공식적인 말, 판에 박힌 말, 하나마나한 말은 하지 않았다. 그래서 공격받았고, 오해받았지만, 그게 그가 말하는 방식이었다. 나는 그 방식을 좋아했다. 그는 조리 있게 잘 말하기보다 마음을 전달하는 데 애썼다. 칼을 피하는 말로는 마음을 전할 수 없다는 사실을 그는 잘 알고 있었다.

노무현 전 대통령이 더 이상 대통령이 아니게 되었을 때, 나는 친구와 술을 마시면서 지난 5년 동안 어딘지 모르게 한국 사회가 바뀐 것 같다고 말한 적이 있다. 뭐가 바뀐 것인지 딱 꼬집어 말할 수 없지만 뭔가 바뀐 것 같다고 했다. 노무현 전 대통령이 돌아가신 지금, 오랜 시간 텔레비전에서 그의 모습과 사진과 말들을 듣고 보다 보니 그게 뭔지 어렴풋하게 알 것 같다.

지난 5년 동안 우리는 새롭게 말하는 사람을 한 명 알게 됐다. 그 사람이 대통령이었기 때문에 많은 사람에게 상처를 주었고, 많은 사람에게 재미를 주었다. 누구는 경박하다고 했고, 누구는 통쾌하다고 했다. 노무현 전 대통령은 언어와 태도에서 품위를 만들어 가는 준비가 부족했다고 반성했지만 나는 그렇게 생각하지 않는다. 우리는 노무현이라는 대통령 덕분에 조금은 더 쉽게 말할 수 있었고, 더 많이 말할 수 있었다.

검사와의 대화에서 그가 했던 말이 생각난다. 한 검사가 토론으로 자신들을 제압하려는 의도가 아니냐고 묻자, 노무현 전 대통령은 자신을 잔재주나 가지고 상대방을 제압하려고 하는 인품의 사람으로 비하하는 데 모욕감을 느낀다고 했다. 대통령은 토론을 원했지만 누구도 대통령을 토론의 상대로 생각하지 않았다. 대통령도 토론의 상대가 될 수 있다고, 그는 말하고 싶었던 것이다. 지금까지 누가 그렇게 말했던가. 그는 대통령으로서 화가 많이 난다고도 했고, 대통령직을 못해먹겠다는 생각이 든다고도 했다. 대통령도 직업이다. 청와대도 직장이다. 누가 그렇게 말할 수 있을까. 덫이 될 줄 뻔히 알면서 그는 매번 말했다. 마음에서 나오지 않은 말은 거짓말이기 때문에, 그렇게 말했다. 우리는 노무현이라는 사람은 잊더라도 그가 말했던 방식을 절대 잊어선 안 된다.

유머가 세상을 구할 수 있을까?
아닐 거다. 그럴 리 없다.
그렇지만
힘과 폭력이 세상을 구할 수 있다는
생각보다는 훨씬 낫지 않나?

우리가 무섭다

나는 내가 공평한 사람인 줄 알았다. 열린 사람이라 생각했고, 편견도 적은 줄 알았다. 세계 어느 나라의 누구와도 친구가 될 수 있는 '글로벌'한 사람인 줄 알았다. 막상 부딪혀보니 달랐다. 이탈리아에 갔을 때 어두운 길거리에서 흑인만 만나면 움찔하곤 했다. 영국에서 거구의 백인들과 맞부딪힐 때도 그랬다. 본능일까 학습의 결과일까. 학습의 결과였다면 끔찍하다. 본능이라고 해도 끔찍하다. 아무튼 내 몸은 그들을 피했다. 두려웠다. 그들은 내가 모르는 사람들이었다. 어떤 일을 벌일지 모르는 사람들이었고, 타인이었다. 다른 색의 피부를 보는 순간, 전혀 다른 냄새를 풍기는 사람을 만나는 순간, 나와 너의 구분이 강렬해졌다. 나와 너의 구분은 우리와 너희로 변한다. 나와 너는 그렇지 않지만 우리와 너희는 폭력적이다. 나는 우리가 무섭다.

2009년 7월 버스 안에서 인종 비하 발언 사건이 있었다. 성공회대 연구교수인 인도인 보노짓 후세인 씨에게 "냄새 난다" "더럽다" "아랍인이냐?" 등등의 발언을 했던 한국인 남성이 약식 기소됐다. 한국인 남성은 보노짓 후세인 씨가 버스 안에서 떠들었기 때문이라고 했다. 하지만 보노짓 후세인 씨는 주위를 의식하면서 조용히 이야기했으며 이번 기회로 "인종주의를 묵인해온 사회적 인식을 환기하고 문제 제기를 할 수 있는 계기가 될 것"이라고 했다. 검찰의 이야기는 또 다르다. 인종 차별적 발언 때문이 아니라 "가해자의 발언이 피해자의 명예심에 상처를 준 사실이 인정돼 모욕 혐의로 기소된 것"이라고 밝혔다.

타인에 대해 혐오감을 느끼는 건 개인의 문제다. 흑인을 무서워할 수도 있고, 인도인을 경멸할 수도 있고, 백인을 싫어할 수도 있다. 하지만 상대방에게 혐오감을 드러내는 순간, 우리는 누군가를 폭력으로 밀어붙이는 것이다. 나는 우리가 무섭다.

글을 쓰고 있는 오늘, 남성그룹 2PM의 리더 재범이 그룹을 탈퇴하고 미국 시애틀행 비행기를 탔다. 연습생 시절이던 2005년과 2007년 미국 네트워킹 사이트 마이스페이스에 적은 몇 줄의 문장이 문제였다. 재미동포 출신인 재범은 "나는 한국인이 싫어, 돌아가고 싶어" "여기 사람들은 내가 랩을 잘 못하는데 잘한다고 생각해. 멍청이 같아" 등의 글을 적었고, 논란에 휩싸였다. 논란의 근원은 한국인이 한국을 무시하는 발언을 했다는 것이다. 재범은 한국인이었을까. 열일곱 살 때까지 미국에서 살았던 재범이 한국에 와서 활동한다고 해서 한국인인 것일까. 한국인의 피가 흐른다고 해서 한국인인 것일까. 아니, 꼭 한국인이어야만 하는 것일까. 게다가 재범이 자신의 의견을 밝힌 곳은 사적인 공간이었다. 타인에 대해 혐오감을 느끼는 건 개인의 문제다. 한국인을 싫어할 수도 있고, 좋아할 수도 있다. 멍청이 같다고 생각할 수도 있고 멋지다고 생각할 수도 있다. 사적인 공간에서의 의견을 광장으로 끌어오는 것은 반칙이다. 광장으로 끌고 와서 그걸 공론화하고 '우리'에게 어떤 여론이 있는 것처럼 포장하는 것은 폭력이다. 우리는 우리의 폭력을 여론이라는 이름으로 포장하여 그를 밀어냈다. 재범이 꼭 '우리'여야 했을까. 그가 '우리' 중 한 명임에도 불구하고 '우리'를 욕했다는 이유로 우리는 '우리'로부터 재범을 밀어내버렸다. 나는 우리가 무섭다.

  나와 네가 손을 잡으면 우리가 된다. 나와 네가 손을 잡는 이유는 한 줄로 서서 더 먼 곳까지 뻗어나가기 위해서다. 원을 만들기 위해서가 아니다. 나와 네가 손을 잡아 동그란 원을 만들어버리면 다른 사람은 절대 들어올 수 없는 울이 되고 만다. 그곳에 갇히는 순간 우리는 무서워진다.

빈 광장, 찬 광장
찬 광장, 빈 광장

　동네 호수 옆에 분수가 있다. 분수라기보다 물기둥 같아서 볼 때마다 화들짝 놀란다. 광장 한가운데 분수가 떡하니 자리 잡고 있으니 광장이, 광장이 아니다. 저녁이 되면 분수에다 불빛 쏘고 낯간지러운 음악 틀면서 쇼를 벌이는데, 그 모습이 보기 싫어서 반대쪽으로 산책을 한다. 반 바퀴 돌고 다시 거꾸로 반 바퀴 돈다. 잔잔한 호수가 있는데 화려한 분수가 왜 필요할까. 사람들은 광장에 나와서 분수만 본다. 그러라고 그렇게 만들었나 보다.
　광화문 광장에 갔더니 거기에도 분수가 있다. 플라워카펫이라는 것도 있다. 22만 4537송이의 꽃으로 만들었다고 한다. 사진 찍는 자리도 따로 마련해두었다. 사람들은 광장에 나와서 분수만 보고, 꽃만 보고, 사진만 찍는다. 그러라고 그렇게 만들었나 보다.
　광장의 사전적 의미가 바뀔지도 모르겠다. 광장이 언제부터 유원지였나. 동네의 골목이 사라지고, 골목을 잃은 사람들이 광장에 몰려나와 사람들에 떠밀려가며 인공적으로 만들어놓은 꽃밭을 찍기 위해 디지털카메라의 셔터를 쉴 새 없이 눌러대는 풍경은, 참 슬프다.

몇 해 전 이탈리아 여행 중 광장에 갔던 기억이 났다. 저녁 8시쯤이었나, 광장에 나갔더니 수십 명이 모여 있었다. 뭔 일 있나 싶어 함께 간 선배에게 물어봤더니, 아무 일 없단다. 평상시 모습이었다. 저녁이 되면 동네 사람들이 광장으로 몰려나와 선 채로 이야기를 나누었다. 맥주를 마시며 이야기하는 사람도 있었고, 뭘 먹으면서 이야기하는 사람도 있었다. 세상에 어찌나 열심히들 떠들어대시는지, 부러웠다. 들어보나 마나 별 이야기 아니겠지만 그래도 광장에 모여 이야기를 한다는 사실만으로도, 부러웠다. 광장에 사람이 모이려면 비어 있어야 한다. 비어 있어야 사람들이 모이고, 비어 있어야 사람들이 빈 공간을 이야기로 채운다. 광장을 비워두지 않는 건 아마도 그곳에서 이야기가 만들어지는 걸 누군가 원치 않기 때문일 것이다. 이야기는 무슨, 사진이나 찍으면서, 하하하, 즐거운 인생, 화려하게 모아놓은 꽃구경이나 하면서, 꽃이 22만 4537송이나 된대요, 22만 4537이라는 숫자는 조선의 한양 천도일에서 광화문 광장 개장일까지의 날수를 의미한대요, 라는 아무런 의미도 없는 상식을 전하면서 그렇게 광장을 지나쳐가길 원하기 때문일 것이다.

광장은 멈추어 서서 대화를 하는 곳이다. 광장은 골목에서 나온 사람들이 모여 대화를 나누는 곳이다. 광장이 제 기능을 하지 못하면 대화의 기술도 발달하지 못한다. 대화의 기술이란 설득의 기술과 다르다. 우리는 설득만 배우고 대화는 배우지 않는다. 설득은 상대방을 내 편으로 만들기 위한 것이다. 어떻게든 나를 상대방에게 이해시키기 위한 것이다. 설득이란 자기중심적인 화법이다. 결론을 정해놓고 시작하는 이야기다. 대화는 상대방의 이야기를 듣는 것이다. 우리는 설득의 기술만 가르친다. 지식과 화술로 상대방을 요리하는 법, 재치와 임기응변으로 상대방을 내 편으로 만드는 법만 가르친다.

요즘 '지적 수준'이라는 말이 화제다. 그 말을 꺼낸 당사자는 지적 수준을 높이기 위해서는 "최소한 일주일에 두세 권 이상의 사회과학, 인문과학 책을 읽고 매일 신문과 잡지의 글을 최소 세 시간 이상 읽으라" 하는 충고까지 곁들였던데, 다 맞는 이야기지만 모든 걸 책에서 배울 수는 없다. 설득의 기술만 배운 사람에게 지식이란 장식에 불과할 뿐이다. 광장 한가운데 높이 솟아 있는, 화려한 분수가 될 뿐이다. 광장이 있다면, 분수가 없는 광장이 있다면, 대화를 나눌 수 있는 광장이 있다면 우리의 지식은 더 나은 세상을 만들 수 있는 흙이 될 것이다.

농활 골프

골프에 대해 아는 게 없습니다. 가끔 경기를 보긴 하지만 선수와 작은 구멍에만 집중하기 때문에 장비에 대해서는 전혀 모릅니다. 어째서 그렇게 많은 골프채가 필요한 것인지도 잘 모릅니다. 모든 사물엔 이유가 있으니 그 골프채들에게도 이유가 있겠지요. 하지만 골프 경기를 볼 때마다 이상한 상상을 하곤 합니다.

← 스타워즈 주제곡

빰빰빰, 빠바바 바밤——

農者 天下之 大本

때는 2032년, 환경문제는 갈수록 심상해지고, 지구 표면은 점점 뜨거워지고, 전 세계의 농업은 파멸에 이르게 된다. 세계 골프 협회는 농업을 부활시키기 위해 농촌 봉사활동 골프게임을 만들어내게 되는데……

弄者 天下之 大本

공을 찾아 나섰다가
벼베기 현장을 만나면
봉사활동을 시작합니다.
이제, 휴대용 골프킷을 열 때가 됐습니다.

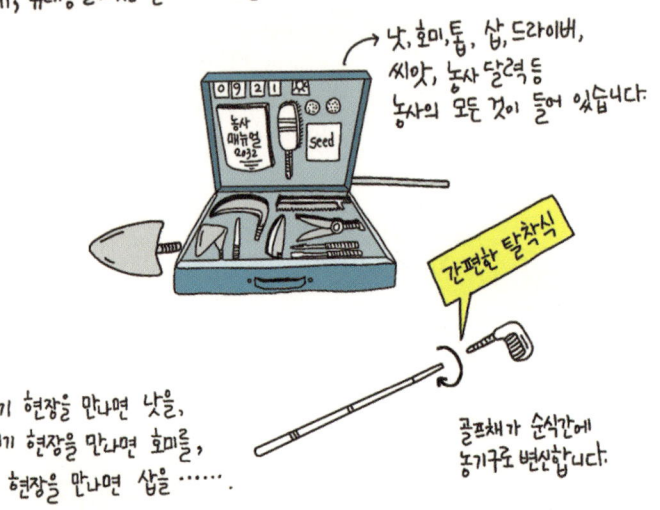

→ 낫, 호미, 톱, 삽, 드라이버,
씨앗, 농사 달력 등
농사의 모든 것이 들어 있습니다.

간편한 탈착식

골프채가 순식간에
농기구로 변신합니다.

논 농사 홀의 벼베기 현장을 만나면 낫을,
밭농사 홀의 밭매기 현장을 만나면 호미를,
농지 정리 홀의 삽질 현장을 만나면 삽을 ……

으응, 그린의 상태가
쉽지 않군

골프공

타수는 어떻게 계산할까요?
어떻게 해야 이기는 걸까요?
공식기록지을 살펴볼까요?

검출혁	기준	기록1	기록2
1 농사	면적당 낫질	327	
2 김매기	면적당 호미질	292	
3 깡사개기	수확량	9kg	
4 정리	면적당 삽질	271	

안전벨트 '훼이크'

안전벨트를 꼭 매라고 합니다.

그런데 왜 나의 목숨을 걱정해주는 걸까요?
왜 안전벨트를 매지 않으면 벌금을 내야 할까요?
가끔 안전벨트가 그려진 옷을
입어보고 싶습니다.

유형별 자동 경고문

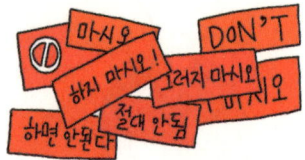

길을 걷다 보면 수많은 경고문을 만나게 됩니다. 그야말로 '경고'입니다.

성격이 이상해서인지, 저런 문구를 보면 더 하고 싶어집니다.

질풍노도의 시대도 지난 마당에 이상한 반항심도 생기고 말이죠.

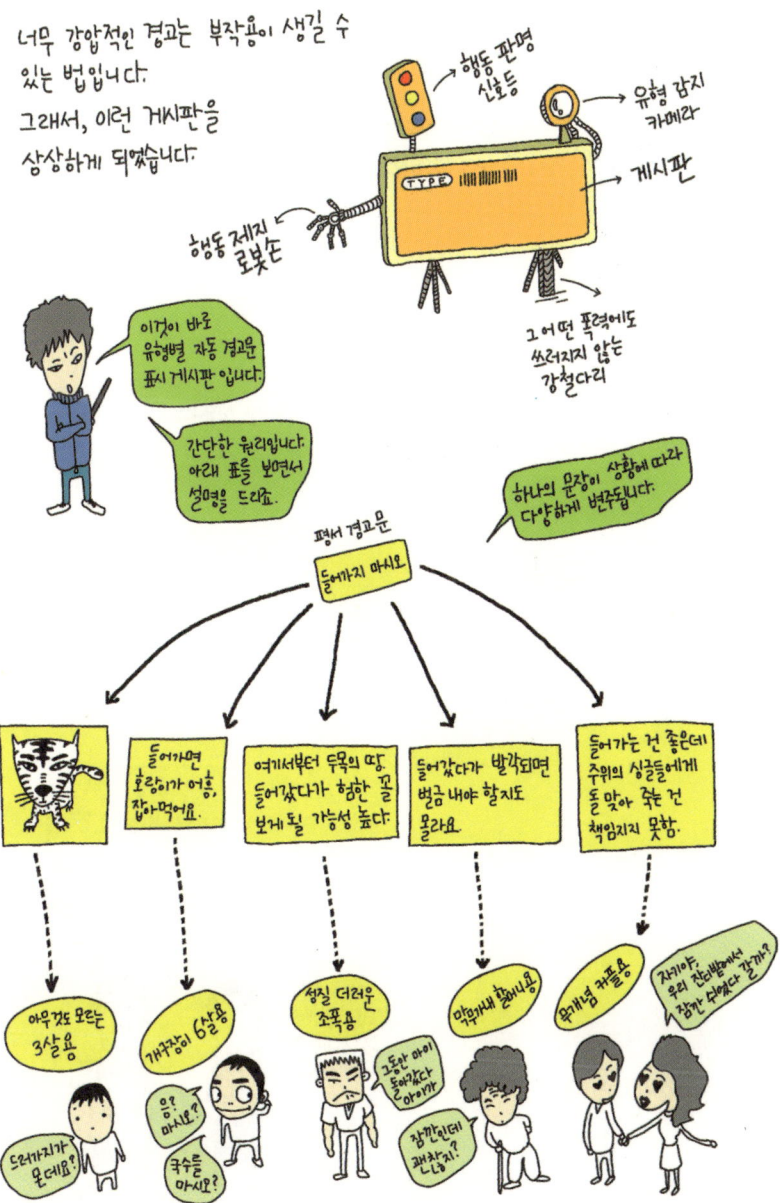

그러나,
강압적인 경고문보다 더 싫은 게 있습니다.
바로 '의인화 경고문'입니다.

솔직히, 잔디를 관리하기 위한 목적으로
경고문을 붙이면서 저런 식의 위선을 떠는 것은
못 봐주겠습니다.

또 하나, 정말 궁금한 게 있습니다.
이제 곧 크리스마스 시즌이 되면 거리에 수많은
불빛들이 등장할 것입니다.

맨 처음 누가 이런 생각을 했는지 모르지만
참 잔인합니다. 제가 나무라면, 정말
너무너무 싫을 것 같습니다. 그냥 인간들끼리
조용히 한 해를 보내면 안 될까요?

그래, 좋아,
몸을 떠니까 불빛
효과가 더 살아나니네

산불 예방의 기초

2005년 4월을 기억하십니까?
강원도에 커다란 산불이 나서
엄청난 해를 입었습니다.

그때, 산불 예방을 위한 여러 가지 의견이
등장했습니다. 지금도 몇 가지 아이디어가 기억나는군요.

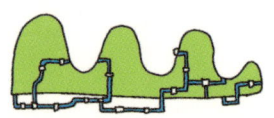

산에다 물파이프를 심어 불이 나면
스프링클러를 작동시키자는 의견도 있었고요,

타지 않는 나무로 산 주위를 둘러싸자는
아이디어도 있었습니다. 대부분 실행 불가능한
의견이거나 너무 많은 돈이 필요한 아이디어들이었죠.
경기도 고양시의 김중혁 씨는 이런 아이디어를 냈습니다.

산이 없어지면 인간도 없어집니다.

 →

인간이 없어지면 산은 스스로 다시
생겨날 것입니다.
산불이 일어날 수 있는 원인을 애초에
차단하는 겁니다.
호랑이도 담배 끊었고,

산에서 밥을 해먹을 동물도 없을 테니, 산불이 생길 걱정은 없겠죠.

그래도 인간들이 사라지면 지구가 조금은
심심하지 않을까요?

어디서나 소울푸드

④ 정해진 날짜가 되면 예약실에 있던 음식이 위로 내려가게 됩니다.

$$\text{여행의 무게} = \frac{\text{도착} - \text{출발}}{\text{음식}} \times \text{사람}$$

애들아, 당근 같은 건 남겨도 상관없단다

나는 편식주의자였다. 다들 그랬을 거다. 좋아하는 것만 먹었다. 어릴 때 미나리 같은 건 눈길도 주지 않았다. 고등어? 하, 내 생활에 고등어나 삼치라는 단어는 없었다. 어머니가 곱게 고등어 살을 발라 건네주면, 짜증을 내면서 "비려요"라는 말만 했다. 참 못된 어린아이였다. 그래도 못 먹겠는 걸 어쩌겠나.

식당에서 나의 동지들이 핍박받는 걸 자주 본다. 어머니들이 협박한다.

"너 왜 편식을 해. 당근을 왜 남겨. 얼른 다 먹어. 네가 시킨 거니까 끝까지 다 먹어야지."

도와주고 싶다. 동지들을 돕고 싶다. 하지만 지나가는 마흔한 살 동네 아저씨로서 "얘야, 당근 같은 거 남겨도 상관없어. 먹기 싫으면 먹지 마라"라고 얘기하긴 좀 그렇다. 그랬다간 이런 소리 듣겠지.

"누구신데 남의 애한테 이래라저래라 하시는 거예요?"

저로 말할 것 같으면 국내 편식주의자연맹의 회장이자, 아, 그러니까. 그냥 지나가는 사람이겠죠.

지나가는 사람으로서 지나가는 말처럼 하자면, 나는 가끔 어머니들의 속내가 의심스럽다. 정말 아이들을 위해서 그러는 것일까? 당근을 꼭 먹여서 아이들 몸의 균형을 유지하고, 음식쓰레기를 남기지 않는 올바른 지구인으로 성장하게 하기 위해서 그러는 것일까? 모르겠다. 그렇다고 하더라도, 꼭 당근을 먹어야 하나?

당근을 꼭 먹이고 말겠다는 어머니들의 핵심 교육 목표에는 '책임감'이라는 게 있는 것 같다. 선택했다면 끝까지 책임져라. 시작했으면 끈기를 가지고 이뤄내라. 아, 좋은 말이다. 그래야지, 선택했으면 책임져야지. 시작했으면 이뤄내야지. 피아노를 배우게 해줬으면 중간에 땡땡이 치지 말고, 끈기를 가지고 배워라. 네가 그렇게 배우고 싶다고 했잖아. 어머니들은 이렇게 말한다. 살다 보면 그게 말처럼 쉽지 않다는 걸 잘 알게 된다. 배우고 싶다가도, 막상 시작해보니 아, 이게 내가 원하던 게 아니었구나, 흥미가 떨어질 수 있다. 흥미가 떨어졌는데 계속 배우는 건 시간 낭비다.

결국 삶이란 선택하고 실패하고, 또 다른 걸 선택하고 다시 실패하는 과정의 연속이다. 가장 중요한 것은 실패를 빨리 인정하고 원점으로 되돌아올 수 있는 유연성이다. 실패가 별게 아니란 걸 깨닫고 훌훌 털어버릴 수 있으려면 실패에 익숙해야 한다. 실패를 인정하지 않으려다 더 큰 실패를 맛볼 수도 있다.

아프리카 마사이족 소년들은 어른이 되기 전에 5년 정도 방랑 생활을 해야 한다. 여러 명이 한 조가 되어서 초원에서 생활하며 여기저기를 돌아다닌다. 아이들이 찾아오면 어느 집에서나 밥을 주고 재워준다. 필요한 물건도 마련해준다. 5년 동안 인생 공부를 시키는 것이다. 그 기간이 끝나면 아이들은 마을을 지키는 어른이 된다. 방랑 생활을 하는 이유는 사물을 보는 눈을 기르기 위한 것이다.

버스나 지하철을 타거나 박물관에 들어갈 때마다 그런 생각을 하곤 한다. 왜 아이들에게는 돈을 적게 받거나 아예 받지 않는 것일까. 아직 어른이 아니라서? 키도 작고, 몸도 작고, 밥도 적게 먹으니까? 내 생각에 아이들에게 돈을 받지 않게 된 배경에는 마음껏 돌아다니면서 더 많은 것을 보고 더 많은 것을 경험하라는 마음이 있지 않았을까 싶다.(앗, 우리에게도 마사이족의 전통이?)

아이들에게는 시행착오를 할 수 있는 권리가 필요하다. 그래서 더 많이 실패하고, 더 자주 포기하고, 자신의 길이 무엇인지 더 많이 시도할 수 있는 권리가 필요하다. 이 산이 아닌가 봐요, 싶으면 얼른 내려와서 또 다른 산을 찾아갈 수 있는 권리가 필요하다. 그래서 정말 좋아하는 게 뭔지, 정말 재미있는 게 뭔지 찾아낼 수 있어야 한다. 당근 같은 건 먹어도 그만, 안 먹어도 그만이다. 당근을 먹지 않는다고 내가 시킨 볶음밥에 치명적인 결례를 범하는 것도 아니고, 고등어를 먹지 않는다고 인생 성공의 칼슘이 빠져나가는 것도 아니다.

  요즘 미나리와 고등어를 먹으면 그런 생각이 들긴 한다. 아, 이렇게 맛있는 걸 그땐 왜 안 먹었을까. 이제라도 그 맛을 깨달았으니 마음껏 즐기며 많이 편식해야지. 어린 시절의 편식과 요즘의 편식을 합해보면 제법 균형이 맞는 식생활을 하고 있는지도 모르겠다.

빵차 습격사건

 그러니까, 때는 바야흐로 1970년대였다. 내가 태어난 1971년에 새마을 운동이 시작되었고, 1972년에는 남북공동성명이 발표됐으며, 1974년에는 지하철 1호선이 개통됐고, 1977년에는 100억 달러를 수출하는 '경제 강국'이 되었으며, 1983년에는 삼성반도체통신이 국내에서 처음으로 64KD램을 생산했음에도 불구하고, 나는, 그리고 우리 동네 아이들은 언제나 배가 고팠다. 그도 그럴 것이 우리들 대부분은 지방 소도시 중에서도 변두리 동네 중에서도 가난한 집 아이들 중에서도 최고로 꼬질꼬질한 녀석들이었으니까.
 우리는 "빵이 아니면 빵 부스러기라도 달라" 하는 표정을 지으면서 골목골목을 누비고 다녔는데, 어떤 형들은 도저히 배고픔을 참지 못하고 급기야 범행을 저지르기에 이르렀다. 그 시절엔 '빵차'라고 하는 특이한 형태의 운송 수단이 있었다. 삼륜차 뒤에다 커다란 철제 박스를 달고 동네방네 빵을 배달하던 차였는데 그 차의 구조에 조금 문제가 있었다. 차의 바로 뒤쪽이 사각지대였던 것이다. 간이 부을 대로 부은 형들은 빵차 뒤에 매달린 채 철제 박스 안의 빵들을 뒤로 던졌고, 어리고 순진한, 나 같은 어린애들은 빵을 들고 뒤로 내달리는 역할을 맡았다.
 빵차에 싣고 다니던 빵은 대부분 분식 장려 정책의 거대한 흐름 속에서 지속적으로 성장을 했던 몇몇 거대 제빵회사의 제품들이었기 때문에, 우리는 '부의 재분배'라는 거대한 구호를 내세우며 이른바 '빵차 습격사건'을 감행하게 됐던 것이다, 라고 이제 와서 얘기

하지만, 명백히 도둑질이었으며, 집이 가난하면 효자가 나고 나라가 어지러우면 충신이 난다는 옛말을 전면 부인하는 반사회적인 짓이었다. 빵차에 실린 크림빵, 단팥빵 등의 '비닐봉지 빵'도 참을 수 없는 달콤한 유혹이었지만 아무래도 그 시절 우리에게 최고로 유혹적인 먹을거리는 '도나스'였다.

세월이 한참 흐르고 영어를 배운 다음에야 도나스가 도넛의 일본식 발음이란 사실을 알게 됐지만, 내 머릿속에서 도넛과 도나스는 명백히 다른 음식이다. 밀가루를 반죽하여 고리 모양으로 만들어 기름에 튀긴 미국식 과자가 '도넛'이라면, 어쨌거나 밀가루를 범벅해서 기름에 튀긴 모든 먹을거리를 우리는 '도나스'라고 불렀던 것이다.

국민학교에 들어갈 때쯤 나의 빵 인생에 일대 전환점이 마련되는데, 바로 우리 집에서 도나스를 팔기 시작한 것이다. 당시 어머니는 축대거리라 불리는 가건물에서 자그마한 무허가 분식집을 하고 있었는데, 벌이가 영 시원찮자 포장마차 한 대를 구해서 도나스 장사를 시작하게 됐다. 그동안 떡볶이와 어묵 등을 주력 상품으로 내놓았던 어머니는 당연히 도나스 만들기에 애를 먹었고, 포장마차 전 주인에게 도나스 만들기 특강을 받은 다음에야 먹을 만한 도나스를 만들 수 있었다.

어머니는 그 포장마차를 끌고 초등학교 운동회나 군 체육대회 등 사람들이 많이 모이는 장소를 돌며 밀가루 도나스, 찹쌀 도나스를 팔기 시작했다. 그 인기가 가히 폭발적이었다. 도나스 하나의 가격이 5원이었는데 다 튀겨지지도 않은, 거의 생가루나 마찬가지인 도나스도 없어서 못 팔 정도였다고 한다. 나는 뜻하지 않게 도나스집 사장의 아들이 됐고, 친구 녀석들의 부러움을 샀다. 그런데 도나스를 많이 먹었던 기억은 나는데, 친구들에게 그 도나스를 나눠준 기억은 거의 없다. 아마도 주지 않았던 모양이다. 그럼 그렇지, 나 먹을 것도 모자라는데. 기름에서 막 건져낸, 럭비공 모양을 한 갈색의 도나스, 그리고 그 위에 내려앉은 하얀 설탕을 떠올리면 지금도 입에 침이 고인다.

또 하나 잊을 수 없는 것이 옥수수빵이다. 당시 집안이 어려운 아이들에게 학교에서 무상 배급해주던 것이 바로 이 옥수수빵이었다. 나보다 집안 사정이 어려운 아이들이 그렇게 많다는 사실을 그때 처음 알았다. 당연히 옥수수빵을 먹을 수 있을 만큼 가난하다고 생각하던 나는 커다란 충격에 휩싸였지만, 옥수수빵에 대한 나의 갈망은 역시, 어머니가 해결해주었다. 학교에 옥수수빵을 공급하는 사람에게 가서 옥수수빵을 사온 것이다. 물론 정상적인 부분이 아닌, 귀퉁이의 지저분한 부분을 썰어서 파는 것이었다. 50원만 주면 부스러기 옥수수빵을 산더미처럼 줬다고 한다. 온 가족이 둘러

앉아 옥수수빵을 먹던 기억이 난다. 가끔씩 동네 시장을 돌다 보면 여전히 옥수수빵을 파는 곳이 있는데 그 강렬한 냄새만 맡으면 어린 시절의 풍경이 거짓말처럼 되살아난다. 옥수수빵의 냄새를 맡으며 어머니를 생각한다. 학교에서 옥수수빵을 받게 하지 않고, 부스러기 옥수수빵이라도 사서 나를 키워준 어머니를 생각한다.

서울에 올라와 생활하다가 아버지가 제빵회사에 다녔다는 사람을 만난 적이 있다. 빵 이야기라면 어딜 가도 뒤지지 않는다고 자부하기 때문에 오랜 시간 그 사람과 빵 이야기를 했다. 그러다 재미있는 얘기를 듣게 됐다. 사정이 어렵던 회사가 월급 대신 빵을 준 적이 있는데 아무것도 모르던 형제들은 그 빵을 먹다가 먹다가 지쳐 빵으로 할 수 있는 온갖 놀이를 개발하면서 신나게 논 적이 있다는 것이었다. 빵을 던지고 부수고 쌓고 하다가 싫증이 나면 그냥 아무 데나 던져두고 집으로 돌아왔다고 한다.

참으로 부러운 이야기였고 가슴 아픈 이야기였지만, 나는 그 이야기를 듣다가 깜짝 놀랐다. 어린 시절 동네 형들과 습격했던 빵차가 바로 그 회사였던 것이다. 그럴 리 없겠지만, 우리가 빵차를 습격했기 때문에 회사의 사정이 어려워진 것은 아닐까 하는 생각이 들었다. 빵차를 습격했던 우리의 무용담이 널리 퍼져 다른 동네에서도 빵차를 습격하게 되고, 빵차 습격이 유행처럼 번져 회사 사정이 어려워졌을지도 모른다는 생각을 하면 정말이지……. 이 기회를 빌려 제빵회사와 임직원 여러분께 심심한 사과를.

커피의 고수들과
에스프레소 비밀결사

에스프레소 비밀결사(이하 〈에비!〉. 느낌표가 붙은 것에 대해서는 여러 가지 설이 있는데, 에스프레소가 추출되는 과정을 시각화한 것이라는 추측이 가장 그럴듯하다) 서울 지부 조직은 의외로 방대하다. 법에 명시되어 있지는 않지만 실질적으로 대한민국에서 비밀결사는 금지돼 있음에도 1995년 이후 활발한 활동을 보이더니, 2000년대에 이르러서는 '커피를 모르는 미개한 사람들'(〈에비!〉의 용어다)과의 전면전을 선포하기에 이르렀으며 세계 본부와 상관없는 독자적인 행보를 보였다. 〈에비!〉가 가장 공을 들인 사업은 커피체인점의 종업원들을 자기편으로 만드는 것이었다. 에스프레소라는 이름을 처음 접한 호기심 많은 사람들이 커피체인점에서 에스프레소를 주문할 때가 있는데, 〈에비!〉 소속의 직원들은 이런 응대를 하도록 교육받았다.

"에스프레소는 소량의 진한 원액으로, 쓴맛이 강한 커피입니다. 괜찮으시겠습니까?"

주문 고객 중 열에 일곱은 생각을 바꾼다. 소량이라는 지점이 한 번, 쓴맛이 강하다는 말이 또 한 번 마음을 바꿀 수밖에 없게 만드는 것이다. 양도 적은데, 쓰기까지 하다면, 굳이 마실 필요가 없지 않을까? 가격도 만만치 않고! 라는 생각을 하게 하는 것이다. 세 명 정도는 그래도 꿋꿋하게 에스프레소를 주문하는데, 그때야말로 종업원들의 진가가 발휘된다. 맛있는 커피를 뽑을 줄 알지만, 두꺼운 크레마로 아름다운 갈색 커피를 덮어 맛과 향을 응축하는 기술을 진작에 배워뒀지만, 그들은 기술을 사용하지 않는다.

영화 〈거북이는 의외로 빨리 헤엄친다〉의 라멘집 스파이 아저씨의 비밀을 생각하면 이해가 빠르겠다. 그 스파이는 라멘의 고수지만, 사람들의 눈에 띄지 않기 위해서 어중간한 맛의 라멘만을 고수한다. 맛있지도 않고, 맛없지도 않은 라멘을 만들기란 얼마나 어려운 일인가. 커피숍 체인점의 종업원들 역시 커피의 고수들이지만 절대 맛있는 에스프레소를 만들어주지 않는다. 겉으로 보기엔 에스프레소가 분명하지만(소량의 진한 원액!) 마셔보면 도저히 에스프레소라고 말할 수는 없는 커피를 만들어낸다. 호기심으로 가득 찼던 최후의 세 명을 결국 에스프레소로부터 멀어지게 만드는 것이다.

〈에비!〉 회원들은 지상에서 가장 아름다운 음식 중 하나인 에스프레소를 서서히 독점하기에 이르렀다.(그들은 자신들의 비밀회합에서 최상의 에스프레소를 만들어 마셨다.) 커피의 맛을 알지 못하는

사람들은 에스프레소를 쓸모없는 음료로 간주했으며, 심지어 에스프레소를 주문하려는 사람들을 볼 때마다 "에비! 그걸 마시면 못 써요!"라며 말리기까지 했다.

⟨에비!⟩의 결속력이 약화된 것은 2000년대 후반이었다. 에스프레소를 독점하는 것은 맛의 민주주의 원칙에 어긋난다는 신념을 지녔던 젊은이들은 ⟨에비!⟩를 탈퇴하고 맛있는 에스프레소를 보급하기 위해 최선을 다했으며, 작은 카페를 많이 만들어 에스프레소를 마시면서 수다 떠는 일이 얼마나 행복한 일인지 널리 알리는 역할을 했다. 현재 ⟨에비!⟩는 초창기의 세를 발휘하지는 못하고 있지만 여전히 많은 곳에서 활발하게 움직이고 있다. 혹시 여러분이 커피숍 체인점을 찾았을 때, 종업원들이 "에스프레소는 소량의 진한……"이라는 말을 시작하려고 한다면, 그 말을 자르며 이렇게 말하라.

"에비! 에스프레소는 평등해야 해요!"

깜짝 놀라며 맛있는 에스프레소를 만들어줄 것이다.

무용지물 박물관

강원도 강릉시에 가면 '참소리 축음기·에디슨 과학 박물관'이라는 긴 이름의 박물관이 있다. 나로 말할 것 같으면 박물관, 도서관, 전시관 등 '관館' 자만 붙으면 정신을 못 차리는 '관 마니아'이기 때문에, 당연히 거기에 가봤다. 대단하다는 얘기도 들었고, 대단할 거라는 상상도 했지만, 막상 가보니 마음을 끄는 게 없었다. 에디슨은 어쩌자고 발명을 그렇게 많이 했는지 '에디슨 관'을 한 바퀴 도는 데만 한 시간이 걸렸고, 청음실에서는 (하필이면) 카라얀 DVD를, 뒤이어 (운도 없지) 사라 브라이트먼을 틀어주는 바람에 대단하다는 오디오와 스피커의 소리에도 별다른 감흥을 느낄 수 없었다. 제일 재미있었던 것은 박물관 안내를 해주는 여직원의 유머 감각이었다.

똑같은 이야기를 하루에도 수십 번 반복해야 하는, 시시포스의 고통에 비견할 만한 운명적인 직업의 안내원답지 않게 그 아가씨는 명랑했다. 근무 첫날이 아닌가 하는 의심이 들 정도였다. 그리고 평소에는 잘 들어볼 수 없는 강원도 사투리로 축음기들을 설명했는데, 그 묘한 분위기가 두고두고 생각이 난다.

안내원이 크리덴저라는 1920년대의 미국 축음기를 설명할 때였다. 크리덴저는 어린 시절에 보던 재봉틀이나 찬장(Credenza는 다리가 없는 찬장을 뜻한다)과 비슷한 모습이었는데, 그래서인지 특별한 물건이라는 생각은 들지 않았다. 크리덴저를 대략 스케치해보자면(사실은 열심히 그렸지만) 아래와 같은 모습이다.

안내원은 크리덴저 앞에 서더니 의미심장한 웃음을 지어 보였다. 그리고 수수께끼를 냈다.

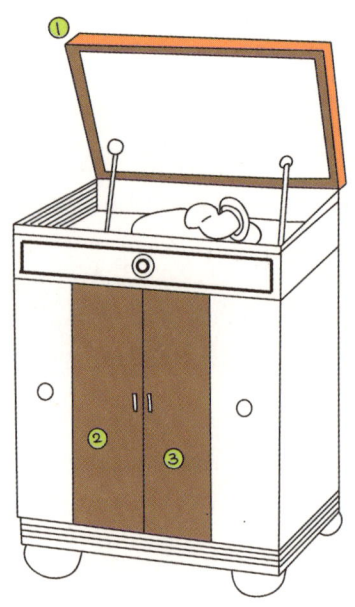

"이 축음기는 볼륨 조절이 가능했던 최초의 축음기 중 한 대입니다. 그렇다면 어떻게 음량을 조절했을까요?"

볼륨 조절 다이얼을 돌렸겠지요, 라고 생각했지만, 그게 답일 리는 없었기 때문에 나는 묵묵히 서서 해답을 기다렸다. 함께 설명을 듣던 다른 사람들도 마찬가지였다. 우리는 모두, "……"였다. "……"가 5초쯤 지났을 때 안내원이 뚜껑, 즉 ①

을 들었다.

"이게 볼륨 1입니다."

그리고 ②를 열었다.

"이건 볼륨 2고요."

그리고 ③을 열었다.

"이렇게 하면 최대 음량입니다. ①, ②, ③을 모두 닫으면 최소 음량이 됩니다."

안내원의 설명을 듣자마자 나는 배꼽을 잡고 웃었다. "그게 그렇게 웃겨요?"라고 하면 할 말이 없지만 이 글로는 도저히 설명할 수 없는 안내원의 사투리까지 포함된 그 장면은 지금 생각해도 웃음이 절로 난다.

때는 바야흐로 1920년대, 미국의 어느 집에서 온 가족이 둘러앉아 음악을 듣고 있다. 새로운 축음기 크리덴저를 사들고 집으로 돌아온 남편은 시끄럽기로 소문난 드보르자크의 교향곡을 턴테이블에 얹고, 가장 큰 소리로 감상하기 위해 문짝 두 개를 활짝 연다. 한쪽에서 책을 읽고 있던 부인은 소리가 너무 크다면서 볼륨을 줄이라고 한다. 남편이 말을 듣지 않자 참다못한 부인은 크리덴저의 한쪽 문을 쾅, 닫아버린다. 남편은 한쪽 문을 포기하는 대신 뚜껑을 열지만 부인은 다시 문 두 짝을 다 닫아버린다. 남편은 뚜껑을 열어둔 채로 한쪽 문을 또 열고, 화가 난 부인이 한쪽 문을 마저 닫고 뚜껑도 소리 내어 닫았더니, 아이들은 울고, 음량이 커졌다 작아지고 작아졌다 커지면서 드보르자크의 교향곡은 엉망이 돼버리는…… 장면이 떠오르는 것이다. 그런 장면이 떠오르니 웃음이 터질 수밖에 없다. 후세 사람들을 제대로 한번 웃겨보려는 심정으로 만든 축음기는 아니었겠지만 말이다.

생각해보면 미안한 마음이 들기도 한다. 크리덴저와 같은, 볼륨 조절이 가능한 축음기를 만든 사람의 마음은 얼마나 절실했을까를 생각하면 마음이 숙연해진다. (여러 가지 조합이 가능하겠지만) 문 두 쪽을 닫고 뚜껑만 연 다음, 혼자서 조용히 음악을 들을 수도 있다는 가능성에 얼마나 환호성을 질렀을까. 1인용 축음기로 활용하다가 손님들이 몰려든 파티에서 모든 문을 활짝 열 수 있다는 가능성에 얼마나 짜릿했을까. 하지만 그런 절실한 마음은 80년이라는 세월이 흐르자 웃음거리로 변했다. 요즘은 볼륨 조절 다이얼을 돌리는 것도 모자라 리모트 컨트롤로 소리를 조절하고, 그것도 성에 차지 않은 사람들은 사용자의 기분에 맞게 음량을 조절하는 오디오를 개발하고 있다. 네 단계였던 볼륨 조절 단계는 측정이 불가능할 정도로 세분됐고, 오디오의 크기는 10분의 1 정도로 줄어들었다.

지금 우리 주위에서 '첨단'이라고 불리는 어떤 것들이 훗날 그런 웃음거리가 될지도 모른다는 생각을 해도 마음이 숙연해진다. RFID 같은 기능이 존재했다는 사실을 알아낸 먼 훗날의 누군가가, "하하하, 각종 물품에, 글쎄, 소형 칩을 부착했다지 뭐예요, 하하하"라는 만담을 하고 있을지도(그나저나 만담은 그때까지 살아남을까) 모를 일이다.

　기술과 과학은 필요에 의해서 진보한다. 그렇다면 필요는 무엇에 의해 진보하는 것일까. 필요는 다시 기술과 과학에 의해 진보한다. 필요가 있어야 기술이 생기는 것이고, 기술이 생겨야 다시 또 다른 필요가 생기는 것이고, 그 필요가 진보하기 위해서는 더 좋은 기술이 필요할 테니……, 그만하자.

　그래서(인지, 심심해서인지) 나는 한때 필요가 없는 기술을 생각해본 적이 있다. 세상에는 아무짝에도 쓸모없는 것들이지만 지구상에 존재하는 모든 기술을 집대성해야만 겨우 만들어낼 수 있는 물건들을 생각해본 적이 있다. 이를테면 이런 거다.

　품명은 '태양열을 이용한 도로 온도 조절 시스템'이다. 사용법은 이렇다. ① 도로의 밑바닥에 태양열을 저장해둔다. 어떻게? 뭐, 어떻게든 할 수 있지 않을까? ② 날씨가 추워지면 저장해둔 태양열을 이용, 도로를 따끈하게 데운다. 어떻게? 모든 기술을 집대성한다면, 역시 어떻게든 할 수 있지 않을까? 가능하다면 여름에는 시원한 에어컨으로 변신할 수도 있을 것이고, 도로에서 복사열이 모두 사라질 것이다.(프레온 가스는 또 어떤 기술들을 집대성하면 해결할 수 있지 않을까.)

　주위 사람들에게 이런 얘기를 하면 열에 일곱 정도는 그냥 피식 웃는다. 열에 한 명 정도는 '얘 더위 먹었나 봐'라는 표정을 짓는다. 나머지 열에 두 명 정도는 "우와, 그런 게 있으면 정말 좋겠다"라며 환호성을 지른다. 그러곤 자신들의 아이디어도 마구 꺼내놓는다.

빗방울이 떨어지면 자동으로 작동하는 와이퍼처럼, 눈이 내리면 자동으로 도로를 데워서 눈이 절대 쌓이지 못하게 하자는 아이디어를 낸 친구도 있었다. 밤이 되면 일부 도로를 폐쇄하고 노숙자들을 뜨끈뜨끈한 도로에서 자게 하자는 친구도 있었다.

잡담이 그렇듯 이런 얘기들은 한번 시작하면 끝날 줄 모른다. 만나기가 힘들어서 그렇지 제대로 된 친구를 만나면 밤도 새울 수 있다. 그러나 밤을 새워봤자 결론은 뻔하다. 그런 걸 누가 만들겠어? 그렇다. 아무도 만들지 않는다. 왜냐하면 필요가 없기 때문이다. 필요가 없다기보다는 효율성이 떨어지기 때문이다. 효율성이 떨어진다기보다는 그것 말고도 개발하고 발명해야 할 것들이 많기 때문이다. 마음 같아서는 태양열 이용 도로 온도 조절 시스템 추진위원회라도 만들고 싶지만, 나 역시 그것 말고도 해야 할 일들이 많기 때문에 뜬구름 잡기 정도로 이야기의 끝을 내고 만다.

그러던 어느 날 '무용지물 박물관'이라는 단어가 떠올랐다. 쓸모없는 아이디어들, 실패한 계획들, 필요 없는 물건들, 세상에서 낙오된 제품들을 한자리에 모아두면 참으로 볼만하겠다는 생각이 들었다. 그 단어를 제목으로 단편소설도 쓴 적이 있지만 아직까지도 나는 심심할 때마다 그 단어를 붙들고는 이리저리 굴려본다.(이러다가 언젠가 나이가 들면 무용지물 박물관의 초대 관장을 역임하게 될지도 모르겠다.)

새로운 기술에 떠밀려 낙오된 크리덴저 같은 녀석들도 무용지물 박물관의 중요한 소장품이 될 것이다. 그리고 각각의 녀석들에게는 한 가지씩 임무를 부여할 생각이다. 무용지물 박물관에서는 모두들 예전과는 다른, 새로운 삶을 살게 되는 것이다. 크리덴저는 인터뷰용 보조재로 사용하면 좋을 것 같다.

누군가 이런 질문을 던진다.

"소설은 어떻게 쓰시나요?"

그러면 크리덴저를 보여주면서 이렇게 대답한다.

"우선 턴테이블에 레코드를 얹습니다. 그리고 뚜껑을 엽니다. 왼쪽 문을 열어도 되고 오른쪽 문을 열어도 됩니다. 아니면 뚜껑을 닫고 왼쪽과 오른쪽 문을 열거나……."

그러면 사람들이 웃지 않을까? 아닐지도 모르지만, 나는 정말 그게 소설인 것만 같다.

카운트맨의 99%

카운트맨이라는 직업이 있습니다. 처음 들어보시는 분들이 많으리라 생각하지만 꽤 전도유망한 직종입니다. 카운트맨이 하는 일은 다양합니다. 대형 할인마트의 계산대에 직원이 부족할 때 카운트맨이 투입됩니다. 카운트맨은 계산기나 그 어떤 기계도 없이 모든 물건의 가격을 계산해냅니다. 바둑 시합이 벌어질 때도 카운트맨이 필요합니다. 카운트맨은 시계보다 정확하게 시간을 잽니다. 민감한 초읽기 시간을 확인할 때도 카운트맨은 정확합니다. 한 치의 오차도 없지요. 특히 포커 게임이나 고스톱 게임을 할 때 카운트맨의 진가가 드러납니다. 카운트맨은 모든 규칙을 알고 있고, 모든 점수를 알고 있습니다. 지역마다 규칙이 다른 고스톱 게임을 할 때 카운트맨을 초빙해보십시오. 아무도 그의 계산을 무시하지 못합니다. 고스톱 실력은 뛰어나지만 계산에 약한 사람이 있다면 카운트맨을 이용해보십시오. 쓰리고와 피박과 광박과 첫박이 뒤섞인 복잡한 판이라 하더라도 카운트맨은 당신이 받아야 할 돈을 정확히 계산해드릴 것입니다. 카운트맨은 언제나 숫자를 생각합니다. 직업병이라 할 수도 있겠습니다. 제가 아는 카운트맨 K씨는 숫자와 친해지기 위해 모든 상황을 숫자로 생각합니다. 자신의 감정 역시 숫자로 표현합니다. 가장 기분이 좋을 때는 10점 만점을 주고, 기분이 아주 나쁠 때는 1점을 줍니다. 영화를 보거나 책을 읽고 나서도 점수를 계산합니다. 길을 걸을 때면 자신의 발걸음을 세고, 계단을 오르내릴 때는 계단을 세고, 말을 할 때도 자신이 말한 단어의 수를 셉니다. 피곤한 일이지만 최고의 카운트맨이 되기 위해서는 어쩔 수 없다고, K씨는 말합니다.

카운트맨이 되기 위해서는 지루한 수련의 기간을 거쳐야 합니다. K씨 역시 3년의 수련 기간을 거쳐 카운트맨 자격증을 따냈습니다. 그가 다닌 학원은 명동에 있는 '공인 카운트맨 국가양성학원'이었는데 과정이 그 어느 학원보다 까다롭다고 합니다. 그에게 이야기를 듣다가 가장 흥미를 느낀 것은 고급 과정 중의 '초콜릿 퍼센티지 감별법'이었습니다. 이 과정에서는 눈을 감고 초콜릿을 맛본 다음 카카오의 함유량을 맞혀야 합니다. 초콜릿을 입안에 넣고 그 맛을 느끼기보다는 숫자를 생각해야 하는 것입니다. 혀끝으로 초콜릿을 녹이면서 '이것은 56%일까, 72%일까, 80%일까, 아니면 99%일까'를 생각하는 것만큼 고통스러운 일이 또 있을까요?

초콜릿 전문가도 아닌데 말이죠. 아무튼 그 학원 졸업생들은 어지간한 초콜릿 전문가보다 더 정확하게 카카오 함유량을 맞힐 수 있다고 하더군요.

K씨는 이야기합니다.

"초콜릿을 혀끝에 올려놓으면 숫자로 변합니다. 슬픈 일이죠. 저는 개인적으로 99%를 아주 좋아합니다. 그 맛은 너무 명확해서 숫자가 아닌 맛으로 느껴지니까요. 하지만 가끔 생각합니다. 이게 어째서 100%가 아니고 99%인 거지? 1% 차이는 어떻게 느껴야 하는 거지? 저는 여전히 고민 중입니다. 그 1% 차이까지 느낄 수 있어야만 진정한 카운트맨이 되는 것이 아닌가 하고 말이죠."

카운트맨 K씨가 가장 좋아하는 초콜릿은 드보브에갈레debauve-et-gallais의 99% 초콜릿입니다. 한국에도 청담동에 가게가 들어와 있지요. 이 회사의 초콜릿은 마치 게임칩처럼 생겼습니다. 아무런 장식도 없는 원형입니다. 이 초콜릿을 입안에 넣으면 숫자를 잊어버릴 수 있다고 합니다. 한 잔의 에스프레소를 마신 것처럼 입안이 깔끔하게 정리된다고 합니다. K씨의 추천으로 저도 맛을 보았습니다. 정말 훌륭하더군요. K씨는 가방 안에다 드보브에갈레 99% 초콜릿을 늘 가지고 다닙니다. 99와 100의 차이를 느끼기 위한 노력인지, 단순히 그 초콜릿을 좋아하기 때문인지는 잘 모르겠습니다. 카운트맨 K씨를 생각하면 부럽기도 하고 안쓰럽기도 합니다. 정확하게 모든 걸 카운트할 수 있다는 건 부러운 능력이지만 초콜릿을 제대로 느끼지 못하는 것은 안타깝습니다. 그가 어서 빨리 1%의 차이를 느낄 수 있게 되기를 기원해봅니다. 그때는 그도 초콜릿의 맛을 100% 느낄 수 있게 되겠지요.

여행의 무게

주변 사람들에게 여행을 싫어한다는 말을 자주 했다. 동화작가 에리히 캐스트너의 "내 방 창문을 떼어갈 수만 있다면 여행도 한번 생각해볼 만한 일"이라는 말까지 들먹이며 여행이 얼마나 귀찮고 번거로운 일인지 토로했다. 지금도 그런 생각이 남아 있긴 하다. 세상의 모든 사람을 A 유형(여행을 좋아하는 사람)과 B 유형(여행을 싫어하는 사람)으로 나눠야 한다면 나는 당연히 B 유형에 속할 사람이다. 그래도 혹시 내 몸속에 A 유형의 기질이 숨어 있지 않을까 의심이 들다가도, 열 시간 동안 비행기에서 꼼짝 못했던 기억을 떠올리면, '나는 역시 B 유형'이라는 결론을 내릴 수밖에 없다.

과장이 섞여 있긴 했다. '나는 아무리 노력해봐도 여행을 좋아할 수 없는 사람'이라는 결정을 내리려면 최소한 열 번 이상은 (여행이라고 할 만한) 여행을 다녀봐야 하는 것 아닌가 싶기도 하다. 여행을 좋아하지 않는다는 확신을 내리기 위해 싫어하는 여행을 다녀야 한다는 아이러니를 생각하면 끔찍하기도 하지만, 여행을 다녀보지 않고 여행을 싫어한다는 말을 하는 것은 '인생은 허무한 것'이라고 외치고 다니는 스무 살 젊은이의 행동과 다를 바 없다. 내 인생에서 여행이라고 할 만한 여행은 몇 번 되지 않았다. 그중에서도 가장 기억에 남는 여행은 요리사 두 명과 함께 떠났던 이탈리아 음식 여행이다.

주변 사람들은 '요리사 두 명과 함께 떠나는 이탈리아 음식 여행'이라는 말만 듣고도 부러워했다. 그 요리사가 어떤 사람들인지 모르면서도 부러워했다. 함께 여행을 떠났던 요리사 P와 L은 마무리를 하지 않은 콘크리트 벽보다도 더 까칠까칠한 성격의 소유자인데다 말을 꺼내기만 하면 날아가는 새들마저 힘이 빠져 땅으로 떨어지고 말 정도의 해괴한 유머 감각을 지니고 있었으며, 인간들의 장엄한 역사와 유물의 흔적에는 아무런 관심도 없고 오직 (맛있는 음식을) 먹고 (여러 종류의 와인을) 마시는 데만 모든 감각을 집중시키고야 마는 자폐적이며 유아적인 성향의 인물들이었다. 이렇게 어처구니없는 사람들과 함께 여행을 떠나고자 마음먹을 수 있었던 가장 큰 이유는, 나 역시 비슷한 성격의 사람이기 때문이었다.

요리사 P와 L은 새로운 메뉴를 개발해야 한다는 사명감 (비슷한 핑계) 때문에 이탈리아로 떠나야 했고, 나는 '둘이서 먹으나 셋이서 먹으나 가격은 비슷할 것이고, 오히려 다양한 메뉴를 맛볼 수 있는 기회의 장을 열어줄 수 있다'라는 심정으로 여행에 동참했다. 그러나 시작부터 덜컹거렸다. 세 명의 구성원 중 가장 연장자였던 요

리사 P는 제때 비행기를 타지 못했고, 요리사 L과 나는 일단 로마로 향했다. 요리사 P는 이틀 후 비행기를 타고 이탈리아에 도착했다. 셋이 함께 모이지 못했으니 맛있는 걸 사 먹을 수도 없었고, 다른 도시로 갈 수도 없었다. 로마에서 죽치고 있어야 했다. 요리사 L과 나는 최대한 돈을 아껴야 했다. 여행의 전체 제목은 '요리사 두 명과 함께 떠나는 이탈리아 음식 여행'이었지만 제1부의 제목은 이탈리아 올로케이션 '만 원의 행복'이었다. 레스토랑? 꿈도 꾸지 않았다. 버스나 지하철? 어지간하면 걸어다녔다. 열심히 돌아다니다가 저녁 식사 시간이 되면 한국인이 운영하는 민박집으로 돌아와 밥을 먹었다. 이탈리아에 있는 것인지 한국에 있는 것인지 혼란스러웠다.

그래도 파니노는 맛있었다. 콜로세움과 트레비 분수를 관광하다가 배가 고플 때 사먹었던 파니노의 맛은 잊을 수 없다. 구성물은 단 세 가지다. 빵과 치즈와 프로슈토. 하지만 질감의 배분과 균형은 절묘했다. 딱딱한 빵과 부드러운 치즈와 질깃한 프로슈토, 밍밍한 빵과 달콤한 치즈와 짭짜름한 프로슈토, 연갈색 빵과 노란 치즈와 붉은 프로슈토……. 세 가지의 구성물은 삼위일체가 되어 여행자의 쓰라린 배를 달래주었다. 가격은 단돈, 음…… 잊어버렸다. 아무튼 쌌다.

요리사 P가 도착하고 제2부가 시작됐다. 제2부의 제목은, '터질 거예요, 우리들 배는'이었다. 우리는 본격적으로 먹기 시작했다. 먹고 먹고 먹었다. 피자와 파스타를 먹고, 양고기와 쇠고기를 먹고, 안초비와 치즈를 먹었다. 요리사인 두 사람은 (나와 달리) 재료와 조리법을 자세히 살펴보는 듯했다. 뭔가 토론을 하는 것 같기도 했다. 그러더니 어느 순간부터 말이 없어졌다. 음식에 대한 토론이란 식탁 위에서 벌어지는 가장 무례한 행동이자 접시에 대한 모독이었다. 우리는 말없이 만끽했고 포만감에 행복했다. 압권은 (와인으로 유명한) 몬탈치노의 한 식당에서 먹은 저녁식사였다. 말하자면 시골밥상이었는데, 피오렌티나 스테이크는 풍성했고, 파스타는 투박했다. 와인은 말할 것도 없었다. 싸고 맛있었다. 그 식당에서 먹었던 음식 중 가장 또렷하게 기억나는 것은 안초비다. 마늘과 파슬리로 만든 소스를 곁들인 안초비. 이렇게 말하면 이상하게 들리겠지만, 멸치는 소스 속에서 살아 있었다. 분명히 여러 단계를 거쳐 염장된 멸치인데도 입안에 넣는 순간 살아서 꿈틀거리는 게 느껴졌다.

 여행을 마치고 한국에 돌아왔을 때 남은 건 거의 없었다. 돈도 떨어졌고, 체력도 바닥났다. 먹는 데도 체력이 필요하더라. 쇼핑은 거의 하지 않았으니 짐도 없었다. 여행을 떠나기 전의 우리와 돌아온 우리가 조금이라도 달라진 것일까? 잘 알 수 없었다. 살은 확실히 쪘다. 여행의 무게를 재기 위해서는 다시 돌아온 우리에서 처음 출발할 때의 우리를 빼면 되는 것일까? 여행이 무엇인지 잘 모르겠다. 혀끝에 남은 파니노와 안초비의 맛. 대충 그런 게 아닐까 추측해본다. 새삼 느끼는 것이지만, 여행을 싫어한다고 말하기엔 난 여행이 무엇인지를 너무 모른다.

우리 모두
매일매일
아티스트

한동안 고등학교 교실에 붙어 있던 '급훈'이 화제가 됐다. 대부분 치열한 입시 경쟁을 반영한 급훈이었다. 이를테면 이런 것들. "10분 더 공부하면 마누라가 바뀐다" "엄마 친구 딸을 이기자" "엄마가 지켜보고 있다" "2호선에 우리 인생이 있다" 등등. 듣고만 있어도 살벌한 기운이 느껴진다. 너무 살벌해서 도무지 현실의 일 같지 않다. 이렇게 살벌한 급훈을 교실에 붙여둘 생각을 했다는 사실도 살벌하다. 아이들의 아이디어는 아니었길 바란다.

내가 학교 다닐 땐 어떤 급훈이 있었나 생각해보았다. 도무지 생각나지 않는다. 분명히 칠판을 바라보며 공부를 했을 텐데(칠판을 보고 있지 않았을 가능성도 크긴 하다) 칠판 위에 붙어 있었을 급훈은 기억나지 않는다. '사랑, 평화, 진리' 같은 것이었을까? 아니면 '친구와 사이좋게 놀자' 같은 것이었을까? 아무튼 있으나 마나 한, 하나 마나 한 이야기를 적어두었던 것 같다. 그런 이야기를 급훈으로 정한 것은 아무도 급훈 따위 신경 쓰지 않기 때문이었을 것이다.

급훈이란, 모든 학생들에게 똑같은 목표를 정해주는 것인데 똑같은 목표라니, 얼마나 끔찍한가. 요즘의 고등학교에는 급훈이 필요할 것 같긴 하다. '좋은 대학에 입학하는 것'이 모든 고등학생들의 똑같은 목표가 되어버린 것 같으니 말이다.

  나는 모든 학생들이 똑같은 목표를 향해 달려가는 걸 막기 위해 모든 학교에 똑같은 급훈을 적어두었으면 좋겠다. 급훈 자리에 '예술'이라고 적어두면 좋겠다. 그래서 모든 학생들이 매일 '예술'이라는 글자를 바라보았으면 좋겠다. 물론 나 같은 학생은 거기에 글자가 있는지 없는지 신경도 쓰지 않을 테니 그것도 괜찮고, 급훈에 따라 살아가는 학생이라면 '좋아, 오늘도 공부를 예술로 하는 거야!'라고 생각할 테니 그것도 괜찮고, 급훈이란 학생들의 자유의지를 파괴하는 시대착오적 발상이라고 생각하는 학생에겐 '예술'이라는 단어가 선문답 같은 것이 될 테니 그것도 괜찮다. '예술'이란 단어에는 무엇을 하라는 강요도 없고, 무엇을 하지 말라는 금지도 없으니 말이다. 똑같이 예술을 바라보아도 학생들은 각자 자신만의 예술을 생각할 것이다.

  곰곰이 생각해보면 학교를 다니던 시절, 우리는 모두 예술가였다. 미술 시간에 (자의든 타의든) 무엇인가 만들었고, 매일 노래를 불렀으며, 수업 시간에 뒷자리에 앉아 낙서를 했고, 교과서 한 귀퉁이에다 스톱 모션 애니메이션을 만들기도 했다. 뉴욕의 그 어떤 아티스트보다도 많은 양의 작품을 만들어낸 것이다. 학교를 졸업하고 어른이 되어 예술에서 점점 멀어지고 있다. 이젠 종이 위에다 뭔가 끼적거리지도 않으며 누군가를 위해 내가 만든 무엇인가를 선물하는 일은 꿈도 꾸기 어려워졌다.

한때 예술가 아이였던 어른들은 이제 예술이라는 말을 들으면, 대부분 치를 떨거나(전 예술이 뭔지 모른다니까요!), 비웃거나(예술 같은 소리 하고 있네), 신경질을 내거나(예술이 밥 먹여주냐?), 아예 못 들은 척한다. 그런 분들께 이 책을 권한다. 『매일매일 아티스트』라니, 제목부터 가슴에 와닿는다. 이 책에는 우리가 잊고 지냈던 예술이 한가득 담겨 있다. 선물 포장하는 법, 카드 만드는 법, 선물용 음식 만드는 법, 벽과 바닥을 멋지게 꾸미는 법 등 모든 아이디어들이 쉽고 간단하며 유용하다. 책을 보며 하루에 하나씩만 뭔가를 만들어보면 정말 우리 모두 아티스트가 될 수 있을 것 같다.

단순히 아이디어만 모아둔 것은 아니다. 나바 루벨스키는 새로운 예술 아이디어를 소개하면서 중간 중간에 예술사의 중요한 인물과 용어들에 대한 설명도 달아두었는데, 이것도 꽤 유용하고 재미있다. 내가 당장 따라해보고 싶은 작품은 카세트테이프 발인데 문에다 달아두면 아주 아름다울 것 같다. 자세한 방법이 궁금한 분들은 책을 사보시라. 카세트테이프 발 만드는 법 옆에 크리스천 마클레이라는 이름이 설명돼 있다. 이 사람은 비틀스의 노래 전곡이 수록된 카세트테이프를 실 삼아서 뜨개질로 베개를 만들었다고 한다. 음, 그것도 멋진 아이디어다. 예술을 시작하기만 하면 이런 아이디아들은 무궁무진 솟아오를 것이다. 우리 모두 매일매일 아티스트가 되자. 그건 아름다운 일이다. 아름답다. 아름다워.

나는 DJ다.
뭔가를 쓰기 위해, 그리기 위해
만들어내기 위해 허공 앞에 앉아 있는
모든 동지들에게서 영감받았고, 영향 받았으며
그들의 문장과 생각과 그림과 철학을
DJ처럼 리믹스해왔다.

막걸리 야구

 세기의 명승부로 기록될 만한 베이징올림픽 야구 준결승전과 결승전이 두고두고 생각난다. 숨 막힐 듯 팽팽한 긴장감, 한치 앞을 내다볼 수 없을 정도로 비슷한 실력들, 치고 달리고 던지고 받아내는 동물적인 감각들, 그 모든 것이 하나로 어우러진 야구장의 공기……. 선수들은 '야구란 바로 이런 것'임을 온몸으로 보여주었다. 많은 사람들이 야구가 얼마나 재미있는 경기인지 새삼 깨달았다고 한다.
 나에게도 야구의 재미를 새롭게 생각하게 된 경기가 있다. 추석이 다가오면 나는 그날의 그 시합이 떠오른다.
 아마 4~5년 전쯤이었던 것 같다. 추석 연휴 전날 고향 친구 K에게 전화가 걸려왔다. 용건은 간단했다. 야구를 하자는 것이었다.
 "난 야구 해본 적도 없어."
 "추석 전날 친구들끼리 야구하기로 했는데 열여덟 명 모으기가 쉽지 않네. 나와서 자리나 채워줘."

"미팅도 아니고 야구 경기에 자리 채우는 게 말이 되냐?"
"그냥 재미로 하는 건데 뭐. 재미있을 거야."
결국 나는 승낙을 하고 말았다. K의 말처럼 재미있을 것 같았다. 얘기를 듣는 순간 불가능한 상상을 하고 있었다. 혹시 내가 홈런을 쳐서 영웅이 될지도 모르지. 멋진 다이빙캐치로 팀을 승리로 이끌지도 모르지. 참가 선수들의 목록을 들어보니 3분의 2 정도는 내가 아는 친구들이었다. 작은 동네이다 보니 한 다리만 건너면 모두 아는 사이고 친구였다. 준비물은 필요 없었다. 서울에서 사회인 야구 동호회에 참가하고 있는 친구 몇이서 야구방망이, 글러브, 공, 보호장비 등을 준비해온다고 했다. 승낙하고 보니 점점 겁이 났다. 대부분 아는 사이라곤 했지만 10년 넘게 만나지 못한 친구들이었다. 그런 친구들 앞에서 창피를 당할까 걱정이 됐다.

연휴가 시작됐고, 나는 자동차를 타고 고향으로 향했다. 뒷좌석에다 체육복과 운동화도 챙겼다. 차가 막혔다. 나는 자동차 속에서 자주 스트레칭을 했다. '내일의 시합을 위해서'라는 생각을 하기도 했다. '시합은 무슨, 망신만 당하지 않으면 다행이지'라는 생각이 이어서 들었다. 무릎도 아팠다. 다섯 시간 넘게 운전을 해서 고향에 도착했다.

다음 날 경기장에 가보니 열 명 넘는 친구들이 모여 있었다. 10년 만에 보는 얼굴도 있었지만 곧바로 이름이 기억났다. 엊그제 만났던 것처럼 모든 얼굴이 가깝게 느껴졌다. 한쪽 구석에서는 포수 장비까지 갖춘 누군가와 서울에서 소방공무원으로 일하고 있는 친구가 공을 주고받고 있었다. 또 다른 곳에서는 서로의 근황을 이야기하고 있었고, 한쪽에서는 한 친구가 명함을 나눠주고 있었다. 별다른 이견 없이 편이 나뉘었다. 왼쪽에 서 있던 한 무더기와 오른쪽에 서 있던 한 무더기. 포지션을 나눌 때는 약간의 마찰이 있었다.

"나는 외야수 안 할래. 저기까지 언제 갔다 오냐?"

"4번 타자 시켜줄게, 외야수 해."

"4번 타자 좋은 게 뭐 있냐. 나 9번 할 테니 1루수 시켜줘."

마흔이 가까워오는 삼십 대 중반의 남자들이, 한 집의 가장이기도 한 사람들이 이런 식의 대화를 나누고 있었다. 성격은 좋고 창피당하는 걸 싫어하는 나 같은 친구들이 주로 외야로 향했다. 외야에 서 있으니 기분이 이상했다. 저 멀리서 친구들끼리 떠들고 있었고, 응원하는 소리가 들렸고, 먼지가 날렸다. 외야에 외롭게 홀로 떨어져 있는 기분이었다. 현재에 서 있으면서 고등학교 시절의 일을 바라보고 있는 듯한 기분도 들었다. 당연한 일이지만 공은 거의 날아오지 않았다. 외야는커녕 방망이에다 공을 맞추는 친구들도 드물었다. 문제는 투수였다. 서울에서 소방공무원을 한다던 그 친구는 사회인 야구팀에서 투수를 맡고 있었는데 그 실력으로 마음껏 던지니 아무도 쳐낼 재간이 없었다.

"야, 살살 던져."

누군가 그렇게 말하자 그 친구는 정말 살살 던지기 시작했다. 그 순간 팽팽한 긴장감이 사라졌다. 살살 던지자 마구 쳤다. 제대로 된 수비가 될 리 없었기 때문에 공은 여기저기로 흘러다녔고, 안타를 치고 뛰어가던 친구는 숨을 헐떡이며 힘들어했다. 그래도 2회까지는 그럭저럭 볼 만한 경기였다. 3회 때부터 술판이 벌어졌다. 야구를 해보니 기다림의 시간이 얼마나 긴지 느껴지더라. 스트라이크

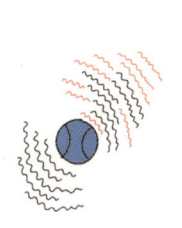

아웃을 당했는데, 화가 나는데, 복수를 하려고 하는데, 번호표를 뽑아야 하는 거다. 대기인 수는 일곱 명이다. 기다려야 한다. 그게 야구다. 기다림에 지친 패배자들끼리 술판을 벌이기 시작했다. 주종은 막걸리였다. 1번 타자가 타석에 들어서면 2번부터 9번까지 술을 마시고, 2번이 타석에 들어서면 나머지 여덟 명이 술을 마셨다. 그래도 모두들 진지하게 게임에 임했다. 열심히 치고 열심히 뛰어다녔다. 안타를 치고 나가는 친구가 있으면 모두들 심심한 위로의 말을 건넸다.

"어휴, 더운데 힘들겠어."

"그러게 안타는 왜 친 거야, 도대체."

"술 먹고 저기 서 있으려면 힘들겠네."

"그래도 안타 치고 나가면 기분은 좋아."

"너 안타 쳤었나?"

"무슨 소리야, 아까 3루타 치고 홈에도 들어왔는데. 내가 역전시켰잖아."

"역전시키면 뭐해, 다시 역전됐잖아. 도대체 몇 대 몇이야? 누가 점수는 적고 있나?"

"더운데 서 있기 힘들겠다"라고 말하던 친구들도 수비할 때가 되면 벌떡 일어나 자기 자리로 갔다. 그렇게 몇 회가 더 지나자 분위기가 정착됐다. 암묵적인 룰도 생긴 듯했다. 타자 한 명을 제외하고 나머지 선수들은 술을 마시며 응원한다. 응원은 열심히 한다. 경기를 할 수 없을 만큼 술을 많이 마시지는 않는다. 공수 교대는 신속 정확하게 한다. 반드시 이기려 들거나 일부러 지려고 하지 않는다. 5회쯤이 되자 친구들끼리의 이야기도 깊어졌다. 얼굴이 발갛게 익고 대화도 무르익었다. 점수는 기억나지 않지만(꽤 여러 명이 홈을 밟은 것 같긴 한데) 주고받았던 이야기는 기억난다.

"야, 회사 다니기 힘들다. 내 꿈이 뭔지 알아?"

"뭔데, 정년퇴직?"

"돈 모아서 도시 외곽에다 카페를 하나 멋지게 짓는 거야."

"카페는 뭐하게?"

"카페 만들어놓으면 친구들이 전부 거기 모여서 사는 얘기나 하는 거지. 명절이 되면 전부 내 카페에 모이는 거야."

"좋긴 한데 얘들이 술값 내겠냐. 술 먹고 전부 외상 그을 거야."

"허허허, 먹어봤자 얼마나 먹겠어. 그리고 내가 술 제일 많이 먹으니까 괜찮아."

"어, 벌써 네 차례다. 홈런 하나 치고 와라."

가을 날씨여야 했지만 꽤 무더웠고, 시간이 갈수록 친구들의 얼굴은 붉게 변해갔다. 공격할 때 깊은 이야기를 나눴다면 수비할 때는 깔깔거리며 웃었다. 공을 빠뜨리면 빠뜨린 사람도 웃고 보는 사람도 웃었다. 누군가 수비를 하다가 넘어지면 옆에서 보던 사람은 웃다가 넘어졌다. 경기가 끝났을 때 친구들의 얼굴은 술에 익고 햇볕에 익었다. 모두들 기분은 좋아 보였다. 누군가 제안을 했다.
"매년 추석 때마다 만나서 야구를 하자."
모두 박수를 쳤다.
"야, 다음에는 야구도 하고 족구도 하고 축구도 하자."
"와, 그러자."
아무리 명절이라고 해도 열여덟 명의 스케줄을 맞추기란 말처럼 쉬운 일이 아닐 것이다. 누군가 죽고, 누군가 다치고, 누군가 아프고, 누군가 일이 터지고, 누군가 도망가는 삶이 계속되고 있다. 다시 그런 야구시합을 할 수 있을까. 추석만 되면 운동장에서 깔깔거리던 친구들의 목소리가 생각난다.

에스프레소는
나의 연료

첫 번째 해외여행을 떠나기 전의 기분이 아직도 생생하게 기억난다. 여기나 저기나 사람 사는 거야 다 똑같은 거 아니겠어, 하하하, 라고 말하면서도 마음 한구석에 두려움이 있었다. 호기심이 커질수록 두려움도 커졌다. 해외여행에 대한 두려움을 이야기했더니 해외여행 선배들이 충고를 해주었다. 비행기에서 시간을 잘 보내는 법이나 낯선 도시에서 길을 잃었을 때의 대처법 같은 유용한 상식을 알려주는 고마운 분들도 많았지만, 유럽 어느 곳에 가더라도 두 눈을 시퍼렇게 뜨고 있는 사이에 가방을 열어 지갑을 들고 가는 대담무쌍한 소매치기와 집시들이 많으니 조심, 또 조심하지 않으면 두 번 다시 한국 땅을 밟지 못할 수도 있다며 겁을 주는 사람도 있었다. 그렇잖아도 겁먹고 있는 사람에게 그런 충고를 하다니 참 못된 선배들이다. 물론 소매치기를 조심하라는 충고도 유용하긴 했지만 말이다.

그때 들었던 충고 중에서 아직도 또렷하게 기억에 남은 게 있다.

"모든 도시에는 고유의 향기가 있으니 공항에 내리면 제일 먼저 후각을 열어젖히고 그 도시의 냄새를 맡아보라"는 것이었다. 누가 해준 말이었는지는 잊었지만 두고두고 꽤 멋진 말이라고 생각했다.

실제로 그렇게 해보았다. 이탈리아의 공항에 도착했을 때 콧구멍을 최대한 열고 근처의 모든 냄새를 흡수했다. 기름 냄새, 여행자들의 가죽가방 냄새, 소독약 냄새……. 공기에 묻어 있던 수많은 냄새들이 내 코로 들어왔다. 그중에서도 가장 강력했던 것은 커피 향이었다. 커피 향은 공항 곳곳에 배어 있었고, 사람들의 외투에도 배어 있었다. 커피를 공기 중에 풀어놓은 것은 아닐까 싶을 정도로 사방이 커피 향으로 가득했다. 한잔 마시지 않을 수 없었다.

이탈리아 여행 중에 에스프레소(에스프레소라는 말을 따로 쓰지 않고 그냥 일반 명사인 '카페'를 주문하면 에스프레소를 준다)를 한 백 잔은 마시지 않았나 싶다. 아침에 일어나서 한 잔, 걸어가다 한 잔, 점심 먹고 한 잔, 오후에 한 잔, 늦은 오후에 또 한 잔, 저녁 먹기 전에 또 한 잔, 저녁 먹고 또 한 잔, 그렇게 매일 에스프레소를 마셨다. 공항뿐 아니라 도시 곳곳에 커피 향이 배어 있었고, 걷다 보면 에스프레소를 마시지 않을 도리가 없었다. 에스프레소는 나의 연료였다. 설탕 한 스푼을 넣고, 찻숟가락으로 조심스럽게 저은 한 모금의 에스프레소를 마시고 나면 아무리 힘든 상황이어도 몸이 정상으로 돌아왔다. 이탈리아 여행을 다녀온 후로 해외여행을 갈 때마다 하는 새로운 버릇이 생겼다. 공항에 도착하면 그 도시의 커피 냄새를 맡은 다음, 에스프레소를 한 잔 한다. 그게 나만의 입국 심사였다.

빈 국제공항에 도착했을 때 나는 이상한 향에 깜짝 놀랐다. 괴상한 향이 공항을 떠돌고 있었다. 이게 뭐지, 설마 이게 커피 향이란 말인가. 나는 냄새의 진원지를 찾아야 했다. 커피 향인지 아니면 어떤 음식 냄새인지 알 수 없었다. 뭔가 독한 냄새가 났다. 공항 전체에 그 냄새가 떠돌고 있었는데 아무도 신경 쓰지 않았다. 한참을 헤매고 다닌 후에야 그게 쓰레기통에서 나는 냄새란 걸 알았다. 누군가 버린 담배꽁초 때문에 쓰레기통에 불이 붙었던 모양이다. 나는 빈을 생각할 때마다 제일 먼저 쓰레기통이 떠오른다. 빈 공항에서는 커피도 마시지 못하고 헐레벌떡 빠져나오고 말았다.

나는 도시의 냄새에 민감하다. 커피를 좋아하는 사람으로서 도시에 카페가 많아지길 바란다. 도시에 음식 냄새 말고 커피 향이 진하게 배어 있으면 좋겠다. 나중에 나이가 들면 에스프레소 전문 커피숍을 차릴 생각도 있다. 구조는 이렇다. 들어가면 왼편에 길쭉한 바가 있고, 오른쪽에는 서너 개의 테이블이 있다. 커다란 가게일 필요는 없다. 사람들은 길을 걷다 들어와서 바에 선 채로 에스프레소 한 잔을 급하게 마시고 다시 가던 길을 간다. 커피를 마시는 것은 특별한 일이 아니라 그저 생활의 한 부분인 것이다. 나는 서서 마시는 에스프레소가 좋다. 서서 마시면 에스프레소가 혈관을 따라 온몸에 전달되는 과정이 느껴지는 것 같다. 서서 마시면 2천 원, 앉아서 마시면 3천 원. 언젠가 꿈을 이룰 날이 오면 좋겠다.

어떻게든, 살아남기

형이 요즘 캠핑에 빠졌다. 돈을 물 쓰듯 쓰는 나와는 달리 근검절약을 생활의 지표로 삼고 있는 형이 캠핑 장비들을 사 모으는 걸 옆에서 지켜보고 있노라면, 무서울 지경이다. 형의 나이 올해로 마흔다섯, 제대로 꽂힌 것 같다. 어린이 책 일러스트레이터인 형의 작업실에 가보면 그림 도구보다 캠핑 도구가 더 많은 것 같다. 집에는 공간이 없어 작업실에다 캠핑 도구들을 쌓아둔 모양인데 야전 침대와 코펠과 나는 도저히 이름조차 외울 수 없는 온갖 도구들 사이에 앉아 있다 보면, 인생이란 어차피 지구라는 별에서 캠핑하다 가는 것이 아닌가 싶은 생각까지 들 때가 있다.

형의 권유(라기보다 '전도'라는 표현이 낫지 않을까) 때문에 나도 한 번 아내와 함께 캠핑장에 따라가본 적이 있다. 숲이라고 부르긴 힘들지만 그래도 나무가 꽤 많은 캠핑장이었고, 널찍한 운동장 곳곳에 텐트가 설치돼 있었다. 사람들은 분주했다. 뭐 그리 할 일이 많은지 물을 떠 오고 장작을 구해 오고(장작 한 묶음에 만 원이라던가) 불을 피우고 밥을 했다. 형의 식구들은 이미 캠핑에 익숙한지 각자 할 일들을 했다. 형은 나에게 나무 사이에 매달아놓은 그물침대에서 책이나 읽으며 쉬라고 했지만 어쩐지 그래서는 안 될 것 같았다. 야생의 생활에 적응하는 모습을 보여야 할 것 같았다. 나는 괜히 나무를 깎았다.
"왜 나무를 깎아요?"
조카가 물었다.
"야생의 생활에선 말이야, 이런 게 꼭 필요해. 불쏘시개로 쓸 수도 있고, 산에 올라갈 때 지팡이로 쓸 수도 있고, 무서운 동물이 나타났을 때 무기로 쓸 수도 있고……"
"무서운 동물?"
나는 주변을 둘러보았다. 무서운 동물은커녕 무서운 곤충도 없어 보였다. 나는 그래도 나무를 깎았다. 달리 할 일이 없었다. 깎아놓으니 쓸모가 있어 보였다. 동물과 싸울 일은 없겠지만 불쏘시개로는 요긴했다. 저녁이 되고 사방에 어둠이 내려앉으니 캠핑장은 제법 야생의 느낌이 났다. 옆 텐트의 불빛은 멀어 보였고, 우리의 텐트는 고립돼 보였다. 고기를 구워 먹고 고구마를 구워 먹고 밤을 구워 먹고 웃고 떠들다 보니 밤이 되었다. 나는 텐트에 누워보았다. 무엇인가 스윽, 하고 텐트를 스쳐 지나가는 소리가 들렸다. 귀신인가, 싶었다. 나뭇잎이었다. 나뭇잎이 떨어져 텐트를 스치는 소리였다. 나뭇잎인 걸 알면서도 소리가 날 때마다 신경이 쓰였다.

〈1박2일〉이라는 프로그램을 볼 때마다 친구들과 저렇게 놀면 참 재미있겠다 싶다가도 텐트에서 자는 모습을 보고는 절레절레 고개를 흔들곤 했다. 어렸을 때 어머니께서 늘 "밥은 밖에서 먹어도 잠은 집에 들어와서 자라"라는 말씀을 하셨는데(제가 밖에서 좀 많이 잤죠, 어머니), 지금은 그 말의 깊은 뜻을 온몸으로 느끼고 있다. 나는 어찌나 예민하신지 잠자리가 바뀌면 쉽게 잠들지 못한다. 텐트에 누워 있으니 어머니의 말씀이 귓전에 들리는 듯했다.

"얘야, 어서 집으로 돌아가서 편히 자라."

그러고 싶었으나 그러긴 힘들었다.

텐트에 누워 있으니 우주에 나 혼자뿐이라는 기분이었다. 주위에 사람들이 있는 걸 뻔히 아는데도 그런 느낌이 들었다. 모든 문명이 사라지고 역사가 없어지고 미래는 확신할 수 없는, 그런 세상에 덩그러니 나 혼자 남아 있는 듯한 느낌이었다. 예민해서 그런 것이겠지만, 호들갑을 떠는 것이겠지만, 외로웠다.

　스톡홀름의 한 호텔에 누워 있던 때가 떠올랐다. 아마 스톡홀름 시내에서 가장 싼 호텔이 아니었을까 싶은데, 그 방에는 창문도 없었다. 고시원 정도의 크기였다. 호텔의 침대에 누워 있으니 내가 이곳에서 도대체 뭘 하고 있는 것인지 알 수 없었다. 시간과 공간과 사람들이 모두 나

를 신경 쓰지 않았다. 이대로 죽는다고 해도 아무도 신경 쓰지 않을 것 같았다. 창피한 얘기지만, 그때 나는 살고 싶다는 생각을 했다.(글쎄, 누가 죽인대?) 살아서 한국으로 돌아간 다음(글쎄, 누가 돌아가지 못하게 한대?) 가족들도 만나고 떡볶이도 먹고 일도 하고 싶다는 생각을 했다. 스웨덴 스톡홀름의 아주 작은 호텔, 그중에서도 창문 하나 없는 작은 방의 코딱지만 한 침대에 누워서 반드시 살아남아야겠다는 생각을 했던 그 순간을 나는 지금도 똑똑하게 기억하고 있다. 사람들이 캠핑을 떠나는 것도 그런 이유가 아닐까. 나처럼 유치한 마음이야 먹지 않겠지만 시간과 공간과 사람들이 간섭할 수 없는 곳으로 떠난 다음 그곳에서 '어떻게든 살아봐야겠다' 하는 의지를 되새긴 후 돌아오고 싶은 것은 아닐까.

내가 스톡홀름의 작은 호텔방에서 외로워했던 것처럼 지금 이 시간 서울의 어딘가 작은 쪽방에서도 반드시 살아야겠다는 생각을 하고 있는 사람들이 있을 것이다. 사연이야 어떻든 모두들 외로워하며 버티고 있을 것이다. 그들에게 서울은, 도시는, 야생보다 더욱 무서운 곳일지도 모른다. 자, 모두들, 어떻게든, 살아남읍시다.